花園大学人権論集 26

花園大学人権教育研究センター 編

「社会を作る人」を作る

だれもが生まれてよかったと思える社会に

Human Rights Thesisses in Hanazono University

批評社

はしがき

本書は、花園大学人権教育センターの出版物の中で市販されているシリーズ『花園大学人権論集』の第二六巻です。本書では、二〇一七年一二月に開催された第三一回花園大学人権週間における講演三本と、二〇一八年度の公開研究会での講演四本を収めており、センターのほぼ一年間にわたる人権についての取り組みを大学内外に発信するものです。

二〇一七年度の人権週間でご講演いただいた方々の講演三本は、現代日本の人権状況を俯瞰する上で極めて有益な論稿となっています。

まず、白井聡さん（京都精華大学人文学部教員）は、「戦後日本とは何であったのか」で、戦後日本の政治体制が、最高法規であるべき憲法の上に日米安保体制が君臨し、アメリカに従属する体制であることを、歴代の政権が「敗戦の否認」というレトリックによって暗黙の前提にしていることを喝破されています。私たちは、日頃はアメリカによる支配を特段感じることなく日常生活を送っています（これは日本の米軍基地の六割が沖縄に集中していることが要因でもあるのですが）。しかし、沖縄における、二〇一八年一二月一四日に辺野古への海への土砂投入の強行を目の当たりにしたとき、現政権のなりふり構わぬ対米追随の醜悪な本質を改めて感じざるを得ませんでした。それも、二〇一八年九月の沖縄県知事選で辺野古への基地建設に反対する玉城デニー知事の圧勝した直後であるにもかかわらず、政府は沖縄の民意を踏みにじる暴挙に出たのでした。

花園大学人権教育研究センターは、二〇一七年まで、毎年の夏のフィールドワークでは、沖縄を訪問してきました。それは、沖縄の問題が日本の縮図であり、また矛盾の象徴ともいえる問題であるとの認識の下に、定点観測的に毎年その状況を人権を学ぶ生きた教材にしてきたのでした。二〇一六、二〇一七年は、辺野古の基地建設状況などについて、現地の浦島悦子さん（フリーランスライター）らからの説明を受け、連帯の意思を表明してきたところです。

政府の暴挙にもかかわらず、二〇一九年二月に行なわれた沖縄県民投票では、辺野古埋め立て反対が七二％の四三万票を超え、沖縄県民の明確な民意が示されました。こうした沖縄での正々堂々たる、あきらめない、粘り強い動きを沖縄だけのものにしておくわけにはいきません。白井聡さんは、

「遠からず本土の日本人は、沖縄のより一層激しい反基地運動、あるいは独立運動に直面することになるでしょう。そのとき、私たちは自決・自己決定を求める沖縄の要求は、本来われわれもまた掲げなければならないものであったことに、気づくことになるはずです」（内田樹・白井聡『属国民主主義論』）と予言されていましたが、まさにその通りの状況が生まれています。私たちは、「事態打開のカギは政権の政治判断、ひいては本土の世論が握っている」（三山喬「沖縄アイデンティティのポジティブな変容」『世界』二〇一八年一二月号）という状況認識を肝に銘じ、本土で様々な沖縄連帯の取り組みを進めることと同時に、日本の戦後の支配構造を直視した取り組みを行う必要があると思います。

また、内藤れんさん（れいんぼー神戸代表）からは、「セクシュアルマイノリティを知る――みんなが生きやすい社会・学校を目指して」と題して、みずからのＬＧＢＴの生き方を通して、現代社会において、どのような生きづらさがあるかをお話しいただきました。ＬＧＢＴについてのわかりやすい基礎知識の学習として、また当事者の思いを知ることの重要性を学ぶことでできました。

さらに、小林敏昭さん（前「そよ風のように街に出よう」副編集長）は、「生きるに値する命とは？――相模原障害者殺傷事件と私たち」で、日本社会を震撼させた相模原障害者殺傷事件から私たちが学ぶことはなにか。容疑者の異常ともいえる考え方（重度障害者は生きる価値がない）が、けっして特異なものではなく、優生思想の蔓延が背景にあることなどをお話しいただきました。命とか、人間とはどのような存在なのか、など人権についての根源的な学びとなったと思います。

さて、二〇一八年は、国連で世界人権宣言が採択されて七〇周年でした。世界人権宣言は、世界大戦の惨禍やホロコーストを二度と起こしてはならないという反省の下に、基本的人権を確認しました。日本国憲法は世界人権宣言に先立って施行されていますが、世界人権宣言の精神を体現したものであることは明らかでしょう。

しかしながら、世界の人権状況は、難民やテロ、ヘイト勢力の台頭など厳しい状況にあります。日本においても同様の傾向があります。ただ、一昨年二〇一七年には、米朝対立が東アジアの緊張を高めていた状況が、二〇一八年には、誰も予想できなかった北朝鮮と韓国のトップ同士の会談が実現し、続いて初の米朝首脳会談が行われ、東アジア情勢は一変しています。

また、日本においても、前述の沖縄県知事選挙での玉城デニー知事の圧勝によって、平和的生存権や、沖縄県民の心をつかんだ故翁長沖縄県知事の「沖縄のアイデンティティー」という言葉によって、地方自治の重要性が示されています。さらに、優生保護法による強制断種等に対して国に賠償を求める裁判が全国で提訴され、解決策が模索されています。注目すべきは、優生保護法の問題ではいつもは論調を異にしている朝日、毎日、読売、産経など主要新聞が、国が責任を果たすように社説で一致して求めていることです。

現政権は、憲法九条の改正に執念を燃やしており、人権をめぐっては予断を許さない情勢は続くと思われますが、世界人権宣言七〇年の重みに確信をもって、当センターとしましては、着実に人権擁護の取組みを進めてまいる所存です。

本書の出版に当たっても、批評社には格別の労をとっていただきました。出版事情の厳しい折に、本書出版の意義をご理解下さった編集スタッフをはじめとする関係者に対して、厚くお礼を申し上げます。また、本書出版の意義を認めて格別の助成をくださった花園大学執行部にも、深甚の謝意を表します。

二〇一九年三月

花園大学人権教育センター所長（社会福祉学部教授）　吉永　純

「社会を作る人」を作る

——だれもが生まれてよかったと思える社会に

花園大学人権論集㉖

もくじ

戦後日本とは何であったのか

白井　聡

●戦後ってどんな時代ですか？

みなさん、こんにちは。ご紹介にあずかりました白井聡と申します。今日は人権週間ということでお話をさせていただきます。

戦後憲法によって、基本的人権の尊重が憲法の三大原則に採り入れられ、基本的人権は尊重されなければいけない普遍的価値であると宣言されて、もう七〇年以上が経ちます。それで本当に人権が定着したかと見てみると、ずいぶん疑わしいことが多い。むしろここ数年、その状況は急速に悪くなっていると思います。その直接の起源は3・11だと思っています。決定的なのは、地震、津波ではなく、原発事故です。これによってまさに地獄の釜の蓋が開いたと思っています。

日本の戦後ってどんな時代だったんでしょうか。聴衆の方々は学生が三割五分、学生でない方々が六割五分くらいの構成ではないかと思います。マイノリティである学生の方に照準をあわせてお話をしますが、大学生の世代から見ると「戦後って何?」というと「はあ?」という話だと思うんです。「戦後ってどんな時代ですか?」という問いへの公式的な答えは決まっているんです。「平和と繁栄の時代」、これが正解です。

なぜそういえるか。確かに一九四五年の段階では、国土が焼け野原状態になった。そこから驚異的な復興と経済発展をして経済大国といわれるまでに成長・発展していった。悲惨な第二次世界大戦を踏まえて平和主義に徹した。平和で繁栄した、とてもいい時代だということになります。

戦後という時代は、今でも基本的に続いているといえば続いている。なぜそういえるか。その証明として、安倍晋三首相の政治家としての信念、やりたいことは何か。「戦後レジームからの脱却」「憲法を変えたい」といっている。これに対して執念を燃やしている。

なぜ憲法を変えたいか。彼にとって、戦後憲法は戦後の象徴である。憲法を変えないと戦後は終わらない。本当にやりたいことは「戦後レジームからの脱却」だ、と。

若い人たちは戦後に生きているといわれても実感がない。しかし、総理大臣が「戦後レジームからの脱却」を志向するという状況にあるというのは、戦後は何らかの意味でまだ続いていることを意味します。

けれども他方で、若い世代からみると、「戦後は平和と繁栄の時代だった、その延長線上に君たちは生きている」といわれても、「はあ、なに、それ?」という話になる。日本が経済成長を続けた時代を、今の若い世代は一切、経験していない。私は昭和五二年（一九七七年）生まれですから、八〇年代に物心はついていています。昭和末期、あの頃はバブル経済の時代でした。あの時に生きていた感覚としては、「経済成長はするのがあたりまえ。永久に続くものだ」と多くの日本人が無意識的に思っていたのではないかと感じます。その時の空気を知っています。

ところが一九九〇年前後、構造的な転換があり、永久に日本の経済成長が続くなんてことはありえないとわかってきたわけです。またこの時期に昭和天皇が亡くなり、平成に代替わりして、平成時代も三〇年になろうとしています。

この三〇年間は「失われた時代」といわれる。「失われた一〇年」「失われた二〇年」という言葉がありました。失われた何年は平成時代とほぼ重なる。一〇代、二〇代の人たちは、生きてきたすべての時間が「失われた時代」だった。その人たちから見ると「平和と繁栄としての輝かしい戦後」といわれても、ちっとも実感がないだろうと思います。

しかし、「そんなこと俺たちには関係ないよ」といって済ませることができるか。済ませられない。戦後、確かにある時代には「平和と繁栄」と呼べる状況があった。それを支えていた条件が、今は失われた。それなら違うやり方をして生きていかないといけないんですが、しかし生き方を変える、社会の構造を変える、適切な対応をすることは、結局できなかった。できなかったからこそ「失われた三〇年」となっている。

その象徴が東日本大震災に伴って起きた原発事故だったと思います。そこから受けた国民のショックはトラウマ的だったといっても差し支えない。トラウマは心の傷であるわけですが、起きてしまった事柄はあまりに深刻であり、思わず目を逸らしたくなるような現実があります。第一、片づけ方がわからないわけです。溶けた核燃料を採りだす方法がない。相当難しい、メドが立たない。甲状腺がんをはじめとする健康被害の問題も不安をぬぐえません。小児甲状腺がんが福島で激増しているのかどうかをめぐって、専門家のあいだでも激しい議論が続いています。3・11当時、「専門家」による事故を過小評価しようとする言動を私たちはイヤというほど見せつけられたわけで、「増えていない」と専門家に言われても、なかなか容易には信用できません。

日本社会は、都合の悪いことからひたすら目を背けようとしている。その象徴が二〇二〇年の東京オリンピックです。招致の話が出てきた時、バカじゃないのと思いました。しかし選定された。私が即座に思い起こしたのは一九六四年の東京オリンピックではなく、一九四〇年の幻の東京オリンピックです。一九四〇年に東京でオリンピックをやるはずだった。ところが第二次世界大戦が起こってキャンセルとなります。

ふと思ったんですね。一九四〇年と二〇二〇年、ちょうど八〇年です。キリのいい数字です。八〇を二で割ると四〇年、一九四〇年と二〇二〇年の中間時点はいつか。一九八〇年です。この年のオリンピックは、モスクワ・オリンピックです。モスクワ・オリンピックは悪い意味で歴史に残る大会です。その前年にソ連がアフガニスタンに侵攻して、その戦争が侵略的であるということで、米ソ対立が激しい頃ですから、激しい非難が浴びせられる。アメリカは「悪の帝国が主催するオリンピックに選手を送るわけにいかない」とボイコットしました。追随する形で日本もボイコットし、数カ国が参加しないオリンピックになった。ケチのついた大会として有名なのが、一九八〇年のモスクワ・オリンピックです。

妙に数字が符号する。一九四〇年の東京オリンピックは開催できない状況になり、その五年後に大日本帝国は崩壊しました。一九八〇年、モスクワ・オリンピックはケチのついた開催となり、その約一〇年後にソ連邦は崩壊しました。

さて二〇二〇年の東京オリンピック、果たして本当に行われるのでしょうか。まだまだ不安だと思っています。買収問題もあります。フランスの捜査当局が動いています。どう動いているか、たまにニュースが入ってきますが、高度な政治的判断がからんでいると思います。東京オリンピックを中止させたいのなら本気で捜査するでしょうし、ここまできたらやらせようというなら本気で捜査はしないでしょう。そういう状況が続いている。

ケチはもう十分につきました。エンブレムの問題にしろ、新国立競技場の問題にしろ、ＪＯＣの買収問題にしろ。不純な動機でオリンピックをやろうとするから、こういうことになる。福島のことを忘れたい、なかったことにしたい、その一心でオリンピックをやろうという極めて歪んだ動機でやるから、トラブルやケチがつくことになる。何とか開催できても、それから一〇年もてばいい方かな、とそんなことを考えてしまうわけです。

問題は、なんでそこまでしてバカなことをやらないといけないのか。一九六四年の東京オリンピックの時代を思い出して、「あの頃はよかったな。あの頃はどんどん国が発展していって、明るい展望が開けていた。それに比べると今はどうか。原発事故まで起こしてしまって。何としてもいやな現実を忘れたい。あの頃に戻りたい」。こういう心理が働いておかしな決断がされている。

こんな状況はそんなにもちはしないんです。どこかで強制的に目覚めざるをえなくなる。どうやって目覚めないといけないのか。そこで歴史を知る必然性が出てきます。今、起こっていることが、なぜこうなっているか、歴史をきっちり理解すればわかることです。

●危機的状況にある人権

二〇二〇年の東京オリンピックは、バカげているけど、まだ許容範囲内かもしれない。もっと深刻な問題は、人権問題であります。人権概念、人権尊重が根付いたどころか、それはいま危機的な状況にある。事例を挙げればどんなことが起こっているか。

ＴＢＳ元記者の山口敬之のレイプもみ消し問題があります。ほとんどテレビでは報道していません。新聞もほとんど載せていない。けれども、きちんと情報収集している人にとっては、周知の問題になっています。元ＴＢＳワシントン支局長を務めた人が、ジャーナリストになりたいと相談にきた若い女性に酒を飲ませて泥酔させた後、ホテルに連れ込んで意識不明の状況で性行為に及んだ。被害者の方が警察に訴えて、警察は逮捕状をとった。山口氏が外国出張から帰ってくる成田空港に着く。成田空港で逮捕する寸前までいったんです。ところが突然、現場の警察官に対して「逮捕は中止だ」と命令があって逮捕されなかったという事件であります。

逮捕状までとっているにもかかわらず、突然、逮捕が中止されるなんてことはありえないわけです。なぜそんなことになったか。山口という人は御用ジャーナリストとして有名で、安倍晋三と親しい。「総理はこんなにすばらしい」とヨイショする本を複数書いている人です。レイプ事件もきわめて悪質です。被害者はいっしょに飯を食って酒を飲んだところまでは覚えているが、途中から意識が朦朧としてきた。酒には強い方だった。疑われるのはデートレイプドラッグの使用、眠り薬を入れて前後不覚の状態にされたという疑惑は十分成り立つ話です。

そして、逮捕状の撤回の件。誰が命令したか。中村均という警察官僚が命令した。その人はその後、安倍政権下において出世に出世を重ねています。若干のメディアが中村氏を追っかけて「なんで突然、逮捕状を撤回したか」と聞いても逃げ回っています。

犯罪をした場合は裁かれないといけない。誰であれ、罰せられなければならない。ある人の人権は侵害されていい、ある人の人権は守られるのではむちゃくちゃであります。現実に起こっているのはそういうことですね。総理大臣の応援をしているジャーナリストは何をやっても罰せられない。

こういう状況が現実に生じているし、これをちゃんと報道しない大手メディアは完全に共犯者となっている。

被害者本人、伊藤詩織さんは勇気のある方で、告発本も書いているし、外国人記者クラブではっきりと意見表明をやっています。公式に顔をさらして抗議しているわけです。これに対して世の中からどういう反応がきているかが注目すべき点です。この件に関して腹立たしいと思い、彼女を応援している人は世の中にいっぱいいますが、しかしながら、それと同じか、それ以上に多いのは被害者を貶める動きです。

ツイッター上で「こいつは嘘つきだ」「こいつは自分から誘ったのにレイプされたといって売名行為をしている」「こいつはスパイだ」「山口の足を引っ張ることで安倍晋三の足を引っ張ろうとしている。バックには中国か韓国がついていて、こいつを操っているに違いない」とか。こういう中傷をするための動画をツイッター上とかユーチューブでせっせとつくっている暇な人たちがいるわけです。もっとも、つくっているのは暇な人たちではなく、それを仕事としてやっているのかもしれません。ネット上で「彼女の人権を守れ」というのではなく、彼女は十分人権侵害を受けているのに「彼女の人権を踏みにじる」ことがたくさんされています。これが今、横行している人権侵害の一例です。

それからもう一つ。排外主義のヘイトスピーチ。先日、神奈川新聞がこれに関して興味深い記事を出していました。ヘイトスピーチのターゲットにされた在日コリアンの人が、ツイッター上でものすごい攻撃があり、とてもじゃないが耐え難いとツイッターをやめた。なんでこんな辛い目にあわないといけないのか、と。

ツイッターの利用規約に「人権侵害にあたることをやってはいけない」と書いてある。人権侵害をするユーザーにはアカウントを与えないようにと、ツイッター・ジャパンに訴えた。「ヘイトスピーチが野放し状態にある。おかしいじゃないか、利用規約を実行していない、社会全体で人権を守らないといけない、社会の中で活動する企業はそれを守ることについて義務があるはずだ。一部のユーザーが勝手にやっているということではすまない」と、その道具を提供するところに訴えた。

さらに、新聞社が、この件についてツイッター日本法人の社長に問うたわけです。社長はどういっているか。「ヘイトスピーチがいいとはいわないが、言論の自由との兼ね合いがある」。ツイッター上でヘイトスピーチをして人権侵害をすることは利用規約で禁じているが、表現の自由も擁護しないといけないというのが答えだった。

どう思われますか、みなさん。人権の尊重も憲法の大原則ですし、表現の自由、言論の自由も人権の一部です。「基本的人権に基づく、この二つの権利が衝突している」というのがツイッター社の見解だと。こういうのを「詭弁」という。他人の出自、国籍をネタにして誹謗中傷を加えることは「言論の自由」でも何でもない。ツイッター社の社長が「自分たちとしても取り締まりたいと思っているが、人手が追いつかないので、やりきれていない、すみません」というならまだしも納得します。マンパワーの限界ならば、致し方ない部分もある。

そうじゃなくて、この社長は「ヘイトスピーチも言論の自由に入るかもしれない」と言っているに等しい。そこには現にヘイトスピーチで傷つけられている人たちがいる。実際的な暴力こそ受けていないかもしれないが、「ゴキブリ野郎、死ね」とか「帰れ」というメッセージを一日に何通も送りつけられたら、心の強い人でも相当、参ります。現実に傷つけられているんですよね。これは「言論の自由」ではなく「暴力化した言論」であるといわざるをえない。

この国のおかしさは何か。「人権が侵害されている。それはおかしい。人権を回復させたい。守らないといけない」と主張した側が叩かれる。「人権侵害をやっている」側が叩かれるのではなく、「人権侵害はおかしい」と言った側が叩かれるのが、この国の特徴だし、日本人の特徴なんです。基本的人権の尊重というが、残念ながら根付いたためしがなかった。戦後の日本はなぜそうなってしまったのか。それをきっちり振り返る必要があります。

●考えない八割

戦後という時代は「平和と繁栄」「民主主義の社会」といわれてきました。その実相は何だったか。民主主義の実情はどんなものだったか。そのことが、3・11の原発事故で暴かれました。原発は、どう推進されてきたか。国策と国が決めて、どれくらい強引なやり方で進められてきたか。すさまじいものです。時には関係者を札びらで引っぱたき、「これだけ金をもらえばいいだろう」と飴を与え、他方、それでもなびかない人に対しては恫喝する。飴と鞭であらゆる障害を除去してきた。そこに民主主義はない。あの事故でそれが明らかになってしまった。

国民の反応はどうか。国民の一割くらいの人は「おかしいじゃないか」と怒っています。「この国で民主主義とは一体何だったんだ。ふざけるんじゃない。民主主義を確立しないといけない」。そういう人たちが、たとえば僕の本を読んでくれている。

他方で、全体のうち一割くらいが、ショックのあまり発狂している。「民主主義は幻想だった。それで何が悪い。民主主義とか権利とか主張する方がおかしい」という考え方に飛びついた。安倍晋三及び周辺の熱心な支持者は、この一割です。「戦後レジームからの脱却」と言って喜んでいる人たちですね。「権利とか民主主義とか、うるさくいうようになったのは戦後レジームのせいだ。戦後、憲法が余計なことをいっているからだ。戦後憲法はオジャンにしてしまおう。人権を主張するなんて、おかしい」。だから、権利主張をする人たちに対してヘイトスピーチを展開する。

残りの八割は何を考えているか。何も考えていない。ぼーっとしている。このままいくとどうなるか。相反し対立する一割と一割、どっちが強いか。「人権なんかいらない」という一割が圧倒的に強い。国家権力の側にいるからです。バックに国家権力があるのと何もないのとでは力が違う。残りの八割も、放っておけばそちらに引きずられていきます。

最近、よくある論調で八割の人たちが好むものですが、バランスのとれた見解、「極端な主張はよくないよね。ちゃんと目配りが必要、極端に走らずに対立するものに目配りをしたものの見方が大事だ、そういう態度が必要だ」。一見もっともらしい。「人権を侵害されている人の権利を回復しないといけない」という立場と、「人権、うるせぇ」という立場。この二つが対立する。両方を尊重するんですか？　冗談じゃない。まさに「極端なのはよくない」という名のもとでの「思考停止」に多くの人たちが沈み込んでいる。

インテリが書いているはずの新聞ですら、そうです。論争的なテーマを採り上げる時には、とりあえず「両論併記」しておけばいい。どんなバカな見解でも、一つの立場として載せてしまうという状況があります。「思考停止」以外の何ものでもない。「考えない八割」が、今後、どうなっていくかに、この国はかかっているといって過言ではないと思います。

●『永続敗戦論』執筆の動機

私は政治思想研究の仕事をしていて、日本の戦後史とか政治論は専門ではなかったんですが、3・11を目撃して、「この国は壊れている。なんで壊れているんだろう」と考えていくと、あの戦争をどう経験し、どう総括したのか、どう総括に失敗したのかに行き着かざるをえないと確信しました。それで『永続敗戦論』（太田出版、二〇一三年）を書きました。原発事故があってから五年、安倍政権が成立して以来の社会の動き、政治の動きが、この一冊を読むと全部わかります。二〇一三年に出した本ですが、ここに書かれたことから根本的に外れたことは何一つ起きていません。

「永続敗戦」という言葉を、なぜ思いついたか。一つには3・11がありましたが、それに先だってもう一つ、きっかけがありました。二〇〇〇年代末の鳩山政権、民主党政権、政権交代が、結果として失敗に終わったわけです。鳩山さんは新しい方向性を出したいという意思をはっきりもっていましたが、普天間基地移設問題で挫折して退陣します。その後、菅政権、野田政権となり、野田政権に至っては自民党・野田派といわれたくらいですから、自民党政権と中身は変わらない。だったら最初から自民党にやらせておけばいいじゃないかと安倍政権に戻って今日に至っているわけです。

これによって証明されたのは何だったのでしょうか。端的にいって、政権交代は不可能だということです。日本は議会制民主主義を採用して衆議院選挙があればいつでも政権交代ができることに、形式上はなっている。しかしながら実質上、できないことが証明されてしまった。

そのことを一番に示したのが、鳩山政権の退陣劇だったと思います。あの時に何が起きたのか。普天間基地の移転先をめぐって「最低でも県外」と約束して選挙戦を戦って勝ったわけです。だからそれを実行に移そうとした。これをアメリカの側から見るとどうなるか。一度、「辺野古で」と約束しているわけです。それを「やめてください」というわけですからちゃぶ台返しだということになる。

何が起きたのか。日米の意思が、この問題をめぐって潜在的に衝突したということです。「最低でも県外」というのは選挙を通じて日本国民の主権者の意思として示された。他方でアメリカとの約束がある。首相としては難しい立場におかれる。どっちかをとって、どっちかを捨てないといけない。結局どっちをとったか。アメリカとの約束を優先せざるをえなかった。つまりこれ、「負けた」ということですよね。日本国民の意思は負けたということです。負けたことの責任をとって鳩山さんは辞めることになった。

ここで厳しい現実が露呈したわけです。日本国家は主権国家で主権在民ですから、日本国民は主権者のはずです。しかし、主権者の意思は、ある領域の問題としては全然、貫けないことが明らかになった。負けた。しかし、「これって負けたってことだよね」と論評したメディアが一つでもあったかというと、私の記憶する限りゼロですね。

その代わりにメディアはどんな報道をしたか。鳩山さんに対する個人攻撃です。「政治手腕が下手だ」「人の使い方が下手だ」「常人と思考回路が違う、変人だ」と、こんな批判です。これらの批判が仮にあたっているとしても、問題をそこにもっていくのは明らかに問題の矮小化であります。ここで露呈した問題は鳩山由紀夫という政治家の手腕がちょっと高いとか低いとか、つまらん問題じゃなかったはずです。ところが、延々と「鳩山さん個人の問題だ」とメディアは言い続けました。

ある時、ふと気づいたんです。「どうもおかしいな。一体何が起きたんだ。これって本質は何だったんだろう」と考えた時、「あ、負けたってことじゃないか。そして負けたということを一生懸命誤魔化そうとしていたんだ」と気づいたんです。

そして、「八月一五日をどう呼んでいるかと全く同じだな」と気づきました。八月一五日は「終戦の日」とか「終戦記念日」と呼ばれていますが、おかしいですよね。負けたんです。負けを認めたので終わったんですね。八月一五日は「敗戦の日」と呼ばれるべきですが、誰も、そういうことをいわない。「終戦」という言葉で日本人は疑問に思わない。「負け」を誤魔化している。これと同じではないか。どうも負けを誤魔化すことが日本の政治に悪い影響を及ぼしているようだと考えるようになりました。

そういうことを考えているうちに、3・11に遭遇する。当時は神奈川県に住んでいましたが、身近に原発事故が起きるなんて初めての経験です。しかし、「これは見たことがある」と思った。初めてなのに見たことがある。それは、あの戦争の時の日本です。あの戦争の時と同じではないか。そのことを最初にいったのが作家の笠井潔さん。「戦争指導者の妄想的な自己過信と空想的な判断。裏付けのない希望的観測、無責任な不決断と混迷、その場しのぎの泥縄式の乱発。これらのすべてが二〇一一年の福島原発事故で克明に再現されている」。全くそのとおりだと思います。

ところで、原発事故に関する温度差を東日本と西日本で感じざるをえない。人々の受け止め方が、西日本の人たちはどうも、他人事だと思っている気配があります。今現在、大学が平常運転されていて平穏に日常生活がある。こんなのたまたまですからね。たまたま運がよくてこうなった。もうちょっと運が悪かったら関西地方だって、こういう生活は吹き飛んでいますから。

あの当時、政府がどういう事態を恐れたか。現場がどういう事態を恐れたか。線量が高くなって手がつけられなくなるかもしれない。使用済燃料が溶けだしたら誰も近づけない。お手上げだ。そうなるとどうなるか。東日本全部がだめになる。ここまでの想定が現実にされていました。

東日本がだめになることは、日本終了に限りなく等しいと思います。そうならなかったのは運がよかったんです。もちろん現場の人たちの努力はありましたけれど、もっと運が悪かったら、そうなっていたわけです。西日本でも普通の生活はできない。そんな状況をつくってしまうのが、戦争の時の日本の姿とそっくりではないか。

●無責任の体系

危機を招き入れ、まともに対処ができない日本の組織の在り方を、かつて政治学者の丸山真男は「無責任の体系」と特徴づけた。「無責任の体系」とは何か。東京裁判の話ですが、「戦後、戦争指導者のうちの誰一人として『私が戦争を始めた』とは言わなかった。『むしろ自分は内心反対だったのだが』と全員が言う。ならば、誰に責任があるのか？　彼らによれば、誰にもない！　この「無責任の体系」によって日本の間違った国家指導は、より一層無惨なものとなった」ということを丸山は述べました。

これを聞くと、問い詰めている側にしたら驚きますよね。「反対だったんだって？」。「お前がやったんだろう」といわれて被告人たちは揃って「いやあ、そういうことをいえる雰囲気ではなくなっちゃったんですよね」と答えた。これが戦争指導層のトップエリートたちの言葉に対する感覚であり、モラルの水準だった。これを丸山真男は怒りをもって告発した。こんな「無責任の体系」によって日本の戦争は行なわれた。

この法廷で、戦争指導者たち、戦犯の人たちはウソつきだったわけではない。「対米戦争なんかやったら破滅だ」と当時の軍人たちはよく知っていた。「アメリカと戦争なんかしちゃいけない」とわかっていたけれども、しかし彼らがいうところの「そんなこと、いえない」雰囲気になった。「ほんとはやっちゃいけない」と、みなが思っていても、やることになった。

こういうものごとの決定のされ方を「無責任の体系」と丸山は名づけたわけですが、「それによって間違った国家指導は、より一層悲惨なものになった」とは、結果として大変な悲惨をもたらしただけでなく、結果に至るプロセスが本当に悲惨だったということです。

同じですね、原発も。佐藤栄佐久さんという福島県元知事の『知事抹殺』(平凡社、二〇〇九年)という本に重要なことが書いてあります。佐藤さんの知事時代、原発に関して東京電力がふざけたことをやった。データを改竄し、事故隠しなどが判明したので、「そういうことをやるなら運転許可を与えないぞ、改めなさい」と東京電力を厳しく批判した。東京電力は責任をとって会長、社長のクビが飛びました。

佐藤さんがやったことは正当だったと思います。いい加減なことをやっていれば事故が起こる。誰が被害を受けるのか。それは福島の住民だ。自分は県知事として福島の住民の安全、財産に責任を負っているから、いい加減なことをやることに対してはきちんとした筋を通す、厳しくやるという態度をとった。

これに対して国はどういう態度を見せたか。どういう答えをしたか。「うるさい、黙れ。一県知事の分際で国策たる原発の推進に横やりを入れて邪魔をするとは何事だ。そんな奴はうるさいから牢屋に入れろ」。佐藤さんはワイロをとったという疑惑が立って県知事を辞職させられる。

裁判闘争になり、判決は確定しています。最高裁で有罪判決ですが、おそろしく変な有罪判決です。ワイロをとって有罪というなら佐藤さんがどんなワイロをとったのか、具体的に認定しないといけないはずですが、裁判所が認定したワイロは何もないんです。具体的なお金とかモノとか何もないんです。だけど執行猶予付有罪。典型的な国策捜査です。国家の側から見て「この人物は生かしておくわけにいかない、社会的生命を絶たないといけない」と判断したとき、犯罪事実があろうがなかろうが捕まえて社会的生命を奪う。

裁判闘争をやる中で、佐藤さんは『知事抹殺』を書いています。そこで核燃料サイクル計画についてこう書いておられる。「責任者の顔が見えず、誰も責任をとらない日本型社会の中で、お互いの顔を見合せながらレミングのように破局に向かって走りきる決意でも固めたように見える。つい六〇年前、大儀も勝ち目もない戦争に突き進んでいったように。私が『日本病』と呼ぶゆえんだ」。

核燃料サイクルなんて、からきしうまくいってないわけです。福井の敦賀にも高速増殖炉がありますす。一度もまともに動いたためしがない。一度もまともに動かないままに廃炉が決まりましたが、先日、出てきた恐ろしいニュースによると「廃炉の仕方がわからない。廃炉をどうやってやるかを設計段階で織り込んでいなかった。廃炉にする方法が今のところない」のだそうです。すさまじい話ですね。

日本が今後どうするべきか。一番簡単な答えは何でしょうか。冗談じゃなくて、いうんですけど、国連軍のような公平中立な機関によって、もう一回、日本を占領してもらう。これが一番いいじゃないですか。だって統治力がないじゃないですか。高速増殖炉もんじゅ、こんな化け物みたいなものをつくっちゃいました。ヤバすぎるから、さすがにもうやめようや。やめて片づけましょう、となった。ところが、片づけ方がわかりません。片づけ方を考えていませんでした。

これは、もし大量の放射能が漏れて日本人だけが死ぬなら、第三者的には「自業自得でバカですね、以上」で済むかもしれませんが、世界に迷惑をかけますからね。福島原発の事故処理も、当事者能力があるのか、まことに疑わしいですよ。チェルノブイリ事故を起こしたソ連の方が、ある面ではまだまともな対応をしていましたよ。日本はソ連以下です。ソ連もチェルノブイリ事故が起きて五年で崩壊しています。福島原発事故が起きて六年たって政府がこれだけいい加減なことをやり続けているにもかかわらず、国民は眠りこけているんですね。

「日本人は自己統治能力がない」と日々、証明されつつあるんです。「このまま自己統治能力がない連中にやらせておくと、自分たちが不幸になるのは勝手だけども、世界に迷惑をかけられたらたまんないよね」と、こういう見方が出てきたって、ちっともおかしくないと思います。

もんじゅが動かないことに加えて、青森県六ヶ所村の再処理工場も核燃料サイクル計画の中で重要ですが、これも動いたためしがない。どうみても破綻しているわけです。そんなことを関係者たちはほんとはわかっている。そんなこともわからないなら頭がおかしいですよ、はっきりいって。みなわかっているが、しかしそれを誰もいえないので続けられることになってしまっている。だから「あの戦争の時の日本と同じ」といっているわけです。こんなことをやっていったら破局に至ると、佐藤さんが警鐘を鳴らしたのは二〇〇九年のことです。まさにそのとおりになるわけです。二年後に破局がやってきた。

●敗戦の否認

鳩山退陣劇と原発事故、この二つを見てみた時、戦後って何だったのか。「平和と繁栄」とずっといわれてきたけども、果たしてそんなにいい時代だったのか。「平和と繁栄」というのは外見であって、華々しい外側によって隠されてきた、メッキによって隠されてきた、どす黒い地金があるのではないか。それが「敗戦の否認」ということだと私は思います。

「否認」は心理学の用語ですが、知識として知っているけれども、現実に認めていない、という精神状況です。都合の悪いことは見なかったことにするという心理ですね。これはありふれた心理なので、みな多かれ少なかれ、日常生活でしているんですね。小さいことを否認したからってどうってことありません。しかし、大きなことを否認すると病気ということになって病院にいかないといけない。心の病気だと。「福島は大変だ、どうしたらいいんだろう、大変だ、そうだ、東京でオリンピックをやればいいんだ」。これが現在行なわれている「否認」であり、完全に病気レベルです。

戦後の日本人は「平和と繁栄」を手にしてきた、といわれる時、必ず枕詞として「戦後日本人は、あの戦争への後悔と反省に立っている」と公の場でも公式見解でも市井の人の間でも、数限りなく、何十回、何百回、何万回と語られてきた。だけども「あの戦争への後悔と反省」が本当に内面化しているのか。残念ながら、この二つの出来事から明らかになったのは、本当は全く内面化していないということでした。

たくさん真摯な試みはあった。反省や後悔、総括しようという真摯な試みは数多くありました。しかし社会の体制として、どうであったか。「全く反省も後悔もしていない」といわざるをえない。本当に反省、後悔しているのであれば、丸山真男がいった「無責任の体系」は克服されていないとおかしい。「無責任の体系」はあの時代において、人食いマシンとして機能したわけです。それに巻き込まれた個人は虫けらのように挽き潰された。丸山真男も挽き潰されるところだったのが、何とか運よく逃れた。そして、自分を挽き潰そうとしたマシンの正体を、戦後、告発したわけです。

真に反省、後悔しているなら、人食いマシンは解体されていなければならない。しかし現実は解体されるどころか、社会のど真ん中で動き続けていたことが、原発事故によって明らかになった。主観的に「反省する」と、いくらいっても意味がない。客観的には「社会全体として反省も後悔もしていない」のが実態です。

では、なぜこんなに「無反省、無後悔」でいられるのかと考えた時、ふと気づいたわけです。「あ、負けたと思ってないからだな」と。「終戦の日」という言い方にどんなロジックがあるか。日本が戦争に負けていないのだとすれば、大義も勝利の可能性もなかったことの責任を誰もとる必要はないし、反省する必要もない。自己変革する必要もない。こうして「負けたことをちゃんと認めていないので必ずまた負けるシステム」は温存されます。それが新たなる「負け」を呼び込むことになる。延々と負け続ける。すなわち、「永続敗戦」。

敗戦という出来事は、公式には一九四五年に終わって一九五一年にはサンフランシスコ講話条約で独立・回復したことになっています。講和条約によって「敗戦」というプロセスは終わった。その後、高度成長によって国は盛り返していく。敗戦を乗り越えたとされる。とんでもないウソです。「敗戦」というプロセスがきちんと終わってすらいない。ずるずる、だらだら負け続けるという状況が続いているのが日本の戦後なのです。

●敗戦否認の構図

なぜそんなおかしいことになったのか。始まりは、わりとわかりやすいんです。東西対立が、大戦末期から激化してくる。だから戦後、アメリカとしては日本をアジアで一番重要な子分にする。日本を子分にする時、誰に日本を統治させるか。戦争の後ですからアメリカからみてロクな政治勢力がいない。旧来の日本の支配層は、あの戦争でほとんどファシストになっていますから、みんな元ファシストではないか、と。他の勢力としては社会主義者がいる。社会主義者は往々にして民主化に熱心だったわけですが、しかし社会主義者にはソ連が好きだという人が少なくない。

となるとアメリカとしては難しい。元ファシストか、ソ連好きか、どっちがマシか。アメリカの決断としては元ファシストの方を選ぶという結論になっていきます。

その人たち、元ファシストたちは、あの戦争に対して責任がある。戦後、どうしてその人たちが偉そうな顔をしているのかという問題が生じますから、その免責をした上で登用しなければいけない。具体的には岸信介とか正力松太郎といった面々です。「なんでこいつら、また偉そうな顔をしているんだ」といわれないためには、この人たちのあの戦争への責任は、できる限り、曖昧化されなければならない。他方、この方々からすれば、アメリカに免責してもらうことによって首の皮が一枚つながったわけです。岸信介はその典型です。根本的に、この人たちはアメリカさまに対して頭が上がるはずがない。

それでも岸信介とか正力松太郎とか、日本の戦後の対米従属構造をつくった第一世代は強烈なおっさんたちで食えない狸オヤジでした。焼け野原になったから復興するしかない。「しょうがない、口惜しいけど、アメリカの力を借りるしかないよな」ということで、アメリカに利用されながら、アメリカを利用するという複雑な関係をアメリカと結んで、やっていったわけです。

現在、この支配層が三代目になっています。岸信介の孫が安倍晋三。読売新聞に関しては、二代目が渡辺恒雄、そこで世代交代が止まっていますね。こういう風に、今でもこの人たちの系譜につながる人たちが大きな影響力をもっているわけです。

歴史上重要なのは、逆コース政策です。東西対立が激化するなかで、アメリカの占領政策の優先順位が日本の民主化から反共、対ソ連への砦にしていくことが優先されるようになる。その過程で元ファシストたちが復権してくる。

しかし、敗戦の誤魔化しは、実はそれが逆コースだけで始まったわけではないんですね。すでに玉音放送の段階で「敗戦」という言葉が使われておりません。

日本のあの戦争を振り返る日というと八月一五日といわれますが、よく考えると、それはあたりまえのことじゃないんです。八月一五日は玉音放送があったが、ポツダム宣言受諾を連合国に通達したのは、その前日八月一四日です。降伏文書に調印するのは九月二日。どの日付が、戦争が終わった日にふさわしいか。これはいろんな見方がありますが、戦争は国と国との間の出来事です。八月一五日は国内的にしか意味がない。

にもかかわらず、八月一五日が特権的な日付になってしまっている。それがもつ効果は大きい。なぜか。あの戦争の終わりを想起するときに、圧倒的に日本人は玉音放送を聴く人々の姿を思い浮かべる。九月二日の光景と八月一五日の光景の二つの間には、決定的な違いがある。どちらもあの戦争の終わりを物語る光景ですが、玉音放送を聴く人々の写真と、ミズーリ号上で降伏文書にサインする重光外相を映した写真は質的に違います。

日本を打ちのめした敵の姿が写っているかどうか。ここに決定的な差があります。後者は徹底的に敵によって打ちのめされた絵を明白に示していますが、前者はそういうイメージを与えない。あたかも天災のようなのです。巨大災害が起こってそのことをラジオが伝えてみんなが聴いてうなだれているとみても不自然ではない図です。

つまり、八月一五日が特権化されることによって何が起こったか。それは、あの戦争の「天災化」ということです。あの戦争は何だったのか。日本人の意識において、あたかも巨大な台風のような災害のようなものとしてとらえられるようになっていった。そうなると「責任の無化」「責任の消去」は完璧になりますよね。あの戦争が天災だったとするならば、一体誰に責任があるか。誰にもないですね。ということになります。

●敗戦否認のツケ

最終的には、歴史意識における「敗戦の否認」は戦後の発展、経済面での発展によって実現されていく。一九七〇年代からすでに日本人の一般的な生活水準と中国やソ連の人々の生活水準を比べてみると日本の方が圧倒的に高いことが明らかになってくる。となると、どっちが戦勝国で、どっちが敗戦国かわかりません、という状況ができてくる。

その他にも重要な諸要素がありますが、大事なのは、これら全部の前提が冷戦構造、東西対立の中で日本がアメリカにとってアジアで一番大事な子分という位置を、うまいこと占めたから可能になった、ということです。この位置を存分に利用して、戦後の繁栄が可能になった。「敗戦の否認」ができたことは、ある意味、戦後の日本人は幸せだったということです。

「敗戦の否認」ができない状況とはどういうものか。日々、日常生活の中で「我々は敗戦国の国民なんだな」と、ずっと思わざるをえないような状況です。これは要するに、不幸な状況です。比較的速やかにそういうように思わなくていいようになったんですから、日本人は幸せだったということです。けれどもその幸福は代償なきものではない。その代償として非常におかしな対米従属をすることになった。そのツケを私たちは払いつつある。そのツケがどれくらい高いものなのかわかりません。まだ全容は見えていません。

すでに恐ろしいシナリオとして現れたのは、米朝が開戦するかもしれない、という事態です。北朝鮮のミサイル、核開発の段階は、よくわからないです。少なくとも推察できることは、アメリカ本土に向けてミサイルを撃つよりも、日本本土に向けて撃つ方が容易であることです。アメリカが北朝鮮を滅ぼす意図でやっていった場合、北朝鮮としては日本に対して核兵器を使用するかもしれない、という想像は決して絵空事ではなくなっています。東京がもしやられると、四〇〇万人が死ぬといわれていますが、それで済むのかわかりません。

なぜ北朝鮮は日本に核攻撃する可能性があるか。簡単な話ですね。それは日本中に米軍基地があるからです。アメリカと北朝鮮は休戦状態にあるわけで、現在も戦争状態にある。一時的に戦争を休んでいるだけのことです。その戦争当事者のアメリカに基地を貸し、ましてや集団的自衛権を行使する形で軍事同盟をもつ日本ですから、いざもう一度、戦争が始まるとなると、北朝鮮の立場で考えれば日本を攻撃するのは当たり前ですね。

多くの日本人は漠然と、「日米同盟によってアメリカは日本を守っている」と、そう思っているわけですが、話はそんなに簡単ではない。北朝鮮がミサイルを発射したらイージス艦などを使って撃ち落とすとかいっていますが、日米同盟のシステムとして、いざ戦争が始まれば、アメリカを頼りにするしかない現実があります。しかしそもそもなんで日本が攻撃を受けないといけないのか。アメリカと組んでいるからではないか。完全にアメリカに守ってもらっているという話じゃないわけです。

なんでそんなことになったんでしょう。端的にいえば先の大戦で負けたからです。負けて米軍基地を受け入れ、「お前は永久に極東で子分になれ」といわれて、その果てに四〇〇万人が殺されることになるかもしれない。私たちは「敗戦国の悲しみ」を本当の意味で知らないといけない段階に入りつつある。敗戦国であることを忘れることができてきたけど、今まさに強烈に思い出さないといけない時がきた。

この前のトランプの来日も、そうじゃないですか。どこからきたか。横田基地からきたんですよ。今までのアメリカ大統領で誰もしなかったことで、横田基地からやってきた。最初に誰に会うか。アメリカの軍人たちです。横田基地で自衛隊の幹部が出迎えたそうですが、横田基地は日本国土の中にありながらアメリカ領ですから、厳しいボディチェックを受けて横田基地に入れてもらったそうです。

この状況は明らかですよね。「戦勝国」と「敗戦国」、身分の違いははっきりしています。それをもてなす安倍首相の姿は敗戦国の首相にふさわしいものでしたね。メディアもそれにふさわしい報道をしました。トランプがレストランでどこの席に座って、どんなステーキを食ってと、王さまの一挙手一投足は気になるという世界です。

一言でいって、こういう人たちのことをなんといいますか？　「卑屈」という。日本人は、自分たちの卑屈極まる醜悪さに対して自覚がない。世界中の新聞が書いている。「トランプ大統領の使い走りを安倍晋三はやっているね。あんなに世界中の国家指導者の中でトランプにへつらっている人間はいない」。そう書かれている。外国のメディアは遠慮する必要はありませんから、はっきりそう書いています。

ところがこうした安倍の姿に対して日本国民が怒りを覚えることもない。そこが異常だといっている。世界に類をみない異様な対米従属関係。戦後日本が全般として「対米従属」になったこと自体には何の不思議もない。アメリカと戦争して日本は負けたわけですから。アメリカとしては当然、「やっつけたぞ。お前、子分になれ」「子分になります」ということですから、ある意味では、致し方ない。世界中で対米従属的な国は山ほどあります。

だけども日本が特殊だというのは「我が国は対米従属的な国である」ことを、どれだけ国民が自覚していますか？　その悲しさ、その醜さをどれだけわかっていますか？　意識していないわけです。「従属していない」ことになっているからです。

●さいごに

今、書こうとしている新しい本（『国体論――菊と星条旗』集英社新書、二〇一八年）の中で、このことを論じようと思っていますが、これは結局、天皇制の問題に行き着くと思います。戦前の天皇制、大日本帝国では、天皇陛下が「一視同仁」でもって臣民を愛してくれていた。だから、この愛に応えて天皇に尽くすのが日本人としての当然の義務である。こういう物語によって大日本帝国が支えられていた。

その天皇の地位が、いつのまにか戦後、アメリカにすり替ってしまった。日米関係をめぐっては異常に情緒的な言葉が使われます。「友だち作戦」「思いやり予算」といったものです。これらはすべて、アメリカと日本の関係は利害関係、利害の打算によって結びついているのではない、特別な「友情」によって結びついているというイメージを垂れ流すために使われている言葉です。「アメリカは日本を愛してくれているんだ」といいたいわけですが、そんなことはありえない。アメリカは単に自分たちの国益に叶うから日本との関係をつくるだけの話であって、日本を愛し日本のためを思って同盟関係をもっているなどということは、もちろんありえない。

日本の対米従属体制を守ることによって戦後、利権と地位をもっている人たちは、そのことを隠しておかないといけない。だからトランプがきて安倍晋三と仲良く、信頼関係構築というプロパガンダを垂れ流すわけですね。それを多くの日本人が感心してみている。幼いんです。泣けてくるほど幼い。

マッカーサーがアメリカに帰ってから「日本人の精神年齢は一二歳だ」といいました。そこから七〇年たって日本人の精神年齢はどうなったでしょうか。マッカーサーとしては悪気のない発言だった。「一二歳というのはこれから大人になる歳だ。のびしろはたっぷりだ」という意味でいいたかったようです。しかし、その後の日本人はどうなったでしょうか。精神年齢はどんどん下がっていったと思います。今、四歳とか三歳のレベルだと思います。

結局、それは現実を見ない、「アメリカは日本を愛してくれている」という妄想に留まろうとし続ける限り、幼いままであり続けるでしょうし、その限りにおいて「国民主権」の何たるかを理解できないまま、また基本的人権で語られる人権とは何であるかも、ついにわからないままに終わるでしょう。そういう情けない状況に私たちが居続けていいのか。それが問われるのが、まさに今の時代であるということを、みなさんにぜひ知っていただきたいと思います。それではこれで私の方からは以上とさせていただきます。ありがとうございました。

（第31回花園大学人権週間・二〇一七年十二月五日）

セクシュアルマイノリティを知る
――みんなが生きやすい社会・学校を目指して

内藤れん

●導入

ご紹介いただきました内藤れんと申します。まず私の主宰しております、「れいんぼー神戸」を説明していこうかなと思います。二〇一二年一二月から活動をしておりまして、主にコミュニティスペースの運営をしております。月に一回、ジェンダーやセクシュアリティを考える人なら誰でも参加できる、安心して話せる場を提供するサークルです。コミュニティスペース以外の活動としては、各地のコミュニティスペースや自助団体の紹介、こんな風にセクシュアリティと人権についての講演活動なんかもしております。

六色の虹はLGBTの活動のシンボルとして世界中で使われているものです。虹の色を見るとついつい数えてしまう癖がついているんですけども、いろんなところにこの六色の虹が活用されています。

GAPの紙袋で六色の虹が背景にしたものがつくられていたりします。東京では「レインボーウィーク」といって、セクシュアルマイノリティの人たちのパレードやイベントをする週間があります。その時に買い物した人は、全員その六色の虹を使った紙袋で商品をもらったりします。その他だと、私は神戸に住んでいるんですけども、駅前に信長書店という本屋さんがあるんですが、信長書店は六色の虹のでっかい看板を出して、「支援しようと思っていますよ」とアピールしてくれていたりします。

そんな感じで六色の虹を活用することによって、「私たちは理解がある」とアピールすることができるようなものになっています。六色の虹のもので、「レインボーグッズ」といって雑貨などを売っていたりする人もいますので、もし興味がある方がおられましたら、「レインボーグッズ」と調べたら出てくると思います。

ここまで「れいんぼー神戸」というところから来ましたということと、六色の虹はちゃんと意味があるんですよということをお伝えしました。

それでは、自己紹介をします。なんでここに立っているのかとか、何のために、何をしゃべりに来たのかということは後程話したいと思います。まず、セクシュアルマイノリティの問題とは何の問題かというと、人権の問題である、という話です。病気とか障害ではないし、個性というほど軽くもない。一体何の問題だといわれることが多いですけれども、人権の課題の一つです。

人権の課題とか、社会的なマイノリティの問題といわれているんですけど、社会的マイノリティの問題には、障害とか人種とか病気とか、さまざまなものがある。その中に性のマイノリティ、性に関する部分がありまして、その中にセクシュアルマイノリティとフェティシズムがある。他にも女性問題もあったりする。それと並んでセクシュアルマイノリティの問題が存在しています。

「あなたの性別は何ですか?」。自分の性別って何なのか、ちょっと考えていただきたいんですね。自分の性別って何だろうって考えた時、たとえば女、男とか、中性とか無性とか、何かいろんなことが浮かぶかもしれないですけども、なんでその根拠が浮かんだのかを考えていただきたいんですね。

「あなたの性別は何ですか?」って聞かれて、「男」と思った人は、なんでなのか。「私には男性器があるから」とか、そういうところを捉える人もいるだろうし、「私は女だと思った。なぜなら私は女だと思っているから私は女だ」と自分の認識を強く捉える人もいるでしょう。「手芸がすごく好きだから私は女だ」といわれるかもしれません。役割的な部分ですね。あとは好きになる相手の性別。「男の人が好きだから私は女だ」「女の人を好きだから私は男だ」といわれる方もおられるかもしれません。なんでそんなふうに考えが分かれてくるのかというと、性別というのが一人に一つじゃないからですね。

●四つの指標

性別を四つに分けて考えてみたいと思います。これをもっと多く、一〇個とかに増やしちゃう人もいますし、逆に少なく三個ぐらいにしちゃう人もいたりします。今回は私のやりやすい形として四つに分けました。

「あなたの性別は何ですか?」って聞かれた時に、最初に思った性別というのが、「性自認」と呼ばれるものになります。自分の性別をどう捉えているのか。女だと捉えているのか、男と捉えているのか。中性だと捉えているのか、無性だと捉えているのか。両性と捉えているのか。不定性と捉えているのか。後半になると多分、何のこっちゃわからないと思うんですけども、そんな感じでさまざまな捉え方が考えられます。

これは自分が自分の性別をどう捉えているかというところだけであって、本当の性別は何だというお話ではないです。「心の性別」と呼んだりするんですけど、心に性別ってあるのかなって思ったりするので「性自認」といった方がいいのかなと思います。

次に「体の性別」。身体的な特徴の性別といったりもします。「生物学的性別」というと、ちょっと話がずれてきてしまうんですけども、このような性別があります。胸が膨らんでいるから女、筋肉量が多いから男といいますけども、それ以外にも男性器がある、女性器があるとか、体毛が濃いとか薄いとか。そういうところを含めてすべてひっくるめていうものが、体の性別というものです。

これも「アンタは染色体が女だから女でしょ」といったり、「あんた、染色体が男だから男でしょ?」というように他人が決めつけるものではなく、私は今、胸が膨らんでいなくて、あとはちょっと女性だとしたら体毛が濃い目かなとか、そういうところを見て「あ、私は女の体つきをしている」とか、「私は、どちらかというと男の体をしているな」と判断するものであって、他人が「あなたの体の性別は男だ、女だ」といったりするようなものではありません。

三番目は「社会的役割」の性別です。「性役割」とか「ジェンダー」とかいったりします。ちょっとややこしいかもしれませんけども、どんな振る舞いや服装をしたいのか。「力仕事をしたい。だから男だ」という人もいるでしょうし、「手芸とか裁縫とか好きだ。だから私は女だ」。そこに根拠を求める人もいるかもしれま

図1　性の４つの指標

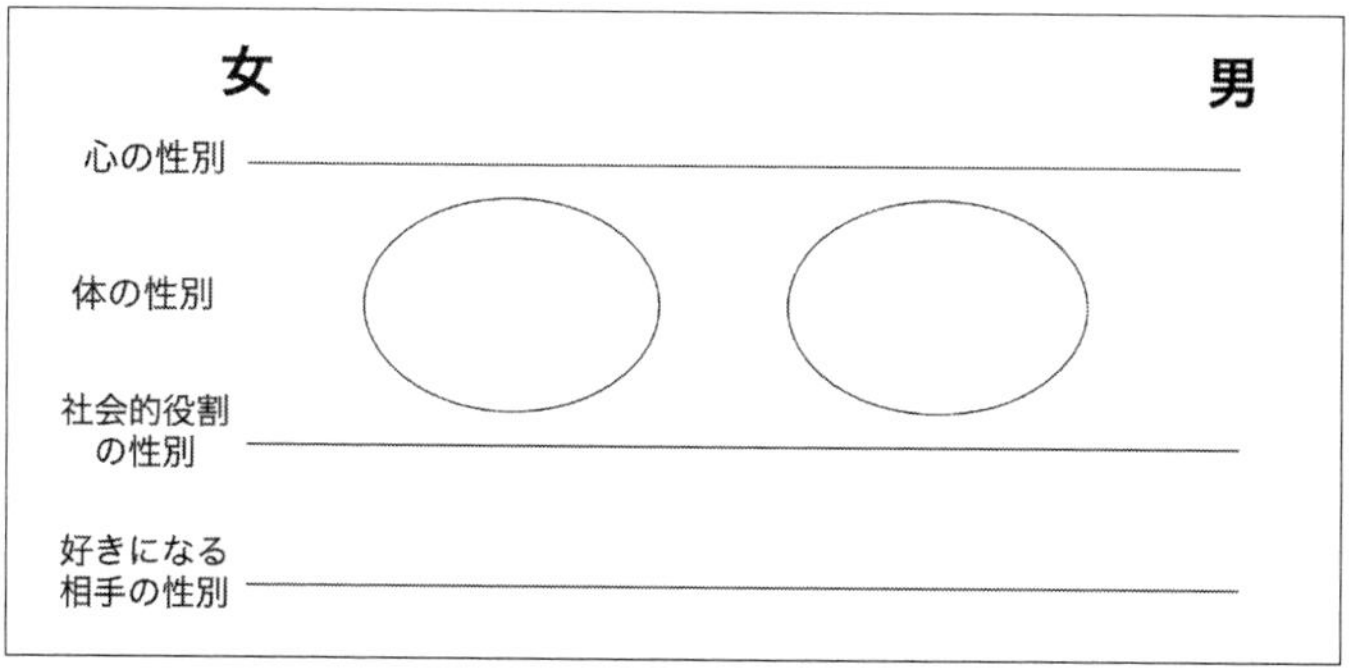

せん。服装も大きいですね。このシャツは左が上になっているのでメンズのシャツなんですけども、「私はメンズの服を着ている」というようなところで性別を判断するのがジェンダーというものになります。

四つ目は「好きになる相手の性別。恋愛対象の人の性別、性的指向」です。誰かを好きになるのか。なるのだとすれば好きになる相手の性別は男なのか女なのか、それ以外なのか。どちらでもいいのか、どちらでもないのか。さまざまなことが考えられます。好きになる相手の性別の難しいところは、好きになる相手にも実は四つの性別があることですね。好きになる相手の性別も四つの線、図で表すとちょっと際限なく続いてしまうので、今回は好きになる相手の性別は一本にまとめました。今の四つの指標を図で表すとこんなふうになります。

「心の性別」と「社会的役割の性別」「好きになる相手の性別」は一直線でグラデーションになっています。「体の性別」は二つの島に分かれていまして、島の中ではグラデーションですけど、島同士はくっついていません。この島が分かれている理由、真ん中がない理由は後ほど説明しますので今は割愛させていただきます。

●用語説明

用語説明をさせていただきます。たくさんの用語がありますが、全部覚えようと思うと割と大変だと思うんですね。無理に覚えようとせずに意味だけ理解して頂いて、「そんなのもあったっけな」と思ってもらえたらいいかなと思っています。

「セクシュアリティ」という言葉があります。性の多様性を表す言葉です。「あなたのセクシュアリティは何ですか?」って聞かれたら、「私は異性愛者です」とか「私は同性愛者です」といったりします。

それに加えて「セクシュアルマイノリティ」という言葉があります。「セクシュアリティ」が「マイノリティ」であるという意味ですね。そのままですけども、どういうことかというと、自分の性別や好きになる相手の性別が多くの人と違っている人のことを、「セクシュアルマイノリティ」といったりします。多くの人は、生まれた時の性別のまま生きて異性を好きになります。生まれた時と違う性別で生きている人とか、異性を好きにならない人とかが「セクシュアルマイノリティ」と呼ばれます。

「LGBT」という言葉が最近流行っているんですけども、「LGBT」という言葉も「セクシュアルマイノリティ」とほとんど同じ意味の言葉となっています。少し違っているのは、「LGBT」というのは頭文字をとった言葉だということなんですね。「レズビアン、ゲイ、バイセクシュアル、トランスジェンダー」の頭文字をとった言葉です。

「セクシュアルマイノリティ」とほぼ同じ意味で使われているんですけれども、「LGBT」となると「レズビアン、ゲイ、バイセクシュアル、トランスジェンダー」のイメージが強くなってしまう。

後ほど出てくるんですけども、パンセクシュアルとかアセクシュアルとか、ＬＧＢＴ以外のセクシュアリティが含まれていないように感じるという理由から、「セクシュアルマイノリティ」という言葉を好む人もいます。逆に「マイノリティ」は少数派っていうけれども、人口の七・六％ぐらいいるといわれているんだから「マイノリティじゃないじゃないか」という理由から「ＬＧＢＴ」という言葉を好む人もいたりします。人によって使う言葉が違ったりしますね。最近になると「ＳＯＧＩ（ソジ）」というのが使われ始めているところです。

「レズビアン、ゲイ、バイセクシュアル、トランスジェンダー」、この四つの言葉はよく使われる言葉なので、これぐらいは覚えていただいても損はないかなと思います。

「レズビアン」とは女性として女性を好きになる人のこと。自分の性別をどう捉えているか（性自認）というところと、相手の性別で判断されます。体の性別というのは関係ありません。女性として女性を好きになる。私が、もし性自認が女性だった場合、私が女性を好きになったら、それは「レズビアン」です。性自認が男性の場合、女性を好きになったら、それは異性愛です。「レズビアン」のような性的指向を扱う言葉を使うときに必要なのは、自分のことをどう捉えているかという「性自認」と、相手の「性別」の二つだけの要素で判断します。

「ゲイ」という言葉があります。男性として男性を好きになる人のことです。男性同性愛者のことですね。

「バイセクシュアル」というのは男女どちらも好きになる可能性のある人とか、男女に関係なく好きになる人のことを指したりします。バイセクシャルと似たような言葉で「パンセクシュアル」という言葉もあります。バイセクシュアルは男女どちらも好きになる可能性があるんですけど、パンセクシュアルは性別に関係なく人を好きになることだと、分けて使われることもあります。今回はバイセクシュアルだけでいこうかなと思います。

四つ目が、これは少しだけわかりづらかったりするんですけども、「トランスジェンダー」です。「レズビアン、ゲイ、バイセクシュアルの問題と、トランスジェンダーの問題は別問題だよね」といわれることもありますが、一緒に活動していこうということで「LGBT」と並んでいます。トランスジェンダーというのは生まれた時の性別と違う性別で生きようとする人、生きている人のことを指します。

「トランス男性」とか「トランス女性」という言い方が最近増えてきています。生まれた時は女性で、でも男性として生きたいと思っている人のことを「トランス男性」とか「FTM（Female to Male）」と呼んだりします。生まれた時は男性だったんだけど、女性として生きたいんだという人のことを「トランス女性」もしくは「MTF（Male to Female）」と呼んだりもします。FTMとか「トランス男性」は後でちょっと出てくるんで覚えていただいたらありがたいです。「性別を変えたいと思っている人もいたよね」くらいに思っていただいたらいいかなと思います。

「Aセクシュアル」とは、恋愛をしないセクシュアリティを指します。「クエスチョニング」「LGBTQ」とついていることが最近ちょこちょこあるんですけど、Qというのが「クエスチョニング」だったり、もしくは「Queer」という言葉だったりします。自分のセクシュアリティを、まだ決めていない人とか決めない人のことを「クエスチョニング」といいます。

ついでに説明しておきますと、「Queer」という言葉は、もともとは「変態」という意味合いの言葉です。セクシュアルマイノリティの人、同性愛者の人たちが、「お前たち、変態だな」と指さされていたのを、逆にプライドにしてしまおうということで、「私たち変態ですけど何か？」といい始めたことを語源として、セクシュアルマイノリティのことを「Queer」と呼ぶ文化があったりします。「LGBTQ」と最後に付け加えられていることがあります。

「Xジェンダー」という言葉もあります。Xというのは不定とか不明を意味する、数学でいうところのxですね。まだわかっていないとか、決めていないとか決まっていない、わからないものという意味のXです。「自分の性別を男女どちらか片方ではない」と思っている人のことを指します。自分の性別を「中性」だと捉えている人もいれば、「無性」だと捉えている人もいる。「両性」だと捉えている人もいれば、「不定性」だと捉えている人もいます。そういう人たちをひっくるめて「Xジェンダー」と呼んでいます。

「Xジェンダー」と「クエスチョニング」を混同しやすいと思うんですけども、Xジェンダーというのはジェンダーの問題、自分の性別の問題で、「クエスチョニング」というのはセクシュアリティ、つまり自分の性別の問題も含んでいるし、好きな相手の性別の問題も含んでいるところで分かれています。

「ポリアモリー」、ポリとは複数という言葉の意味ですけども、複数の人と恋愛をする関係性のことを「ポリアモリー」といいます。「複数の人と恋愛をするというのは不倫とか浮気とどう違うんだ?」とよくいわれるんですけども、「ポリアモリー」の関係性というのは好きになって付き合っている相手、交際している相手すべてに「誰と交際しているのかどうか」を伝えている関係性といわれています。私がAさん、Bさん、Cさんと付き合っていることを、Aさんはもちろん、Bさん、Cさんも知っているという関係性のことをいいます。その点で浮気、不倫とはちょっと違うと言えるのかなと思います。

「ヘテロセクシュアル」という言葉の「ヘテロ」とは「違う」という意味です。対義語、逆の意味の言葉は「ホモセクシュアル」です。「ヘテロセクシュアル」という言葉は異性愛のことを指します。「シスジェンダー」。シスというのはトランスの逆ですね。トランスは越境するという意味ですけども、その逆の意味の言葉となります。生まれた時の性別と同じ性別で生きていく人を「シスジェンダー」と呼びます。

「モノアモリー」。これは「ポリアモリー」の逆の意味の言葉です。一対一の恋愛関係をもつ人のことを「モノアモリー」と呼んだりします。

「ヘテロセクシュアル」「シスジェンダー」「モノアモリー」の三つの言葉が、いわゆるマジョリティの人たちを指す言葉となります。

●性同一性障害

性同一性障害について、ちょっとだけ説明しようかなと思います。トランスジェンダー、性別を変えて生きていく人と聞いた時に、多分「性同一性障害」という言葉が浮かんでくるんじゃないかなと思います。

「性同一性障害」と「トランスジェンダー」はどう違うのかというと、「トランスジェンダー」というのはすごく幅の広い言葉なんですね。性別を変えて生きたいと思っている人すべてを指す言葉です。性同一性障害はその中で身体的な治療を受けたい人を指します。体の手術をしたいとか、ホルモン注射を受けたいという人が、治療のために病院でもらう診断名が「性同一性障害」という病名になります。病気ではないんだけど、病名があります。

その治療には種類がありまして、まずホルモン療法があります。ホルモン療法というのは、男性から女性になる人の場合だと女性ホルモンを、女性から男性になる人だと男性ホルモンを打つという治療です。それを「ホルモン療法」と呼んでいたりします。

ホルモン療法には条件があります。精神科でジェンダーを専門にしている「ジェンダークリニック」という、性別について専門的に見てくれる科があります。そこに行って医師の診断書二通をもらいます。次に血液検査をして染色体の検査を受けます。三万円くらいかかるんですが、染色体の検査を受けた結果の書いてある書類をもらいます。内性器・外性器の様子、状態を見る検査を受けます。それらの診断書をすべて集めてお金を払って申請をして、そこで認められたらホルモン療法を開始することができます。すごくハードルが高いものなんですね。

ホルモン療法をちゃんとした合法的なルートに乗ってやろうとすると、最低でも半年から一年かかってきます。ただ自分の性別、自分の体が本当に嫌だと思っている時って、そんなに待っている余裕がない人が多いんですね。そういう人たちはどうするのかといいますと、個人輸入に頼ります。海外から薬を買えるサイトというのがたくさんあるんですけど、そういったサイトを利用して、個人輸入で薬を買って自分で飲んでいたりします。

個人輸入は結構リスクが大きい行為で、そもそも届いた薬は本当に薬かどうかもわからない。もしかしたら薬じゃないかもしれないというものを飲むリスクや、ちゃんとした薬であったとしても、経口投与は肝臓に対する負担が大きいです。注射だったらそのまま入れるので問題ないんですけども、口から薬を飲んでいくと肝臓の負担が大きくて、肝臓の数値がすごく悪くなったりします。

どれぐらいの量を投与すればいいのかわからないので、自分の感覚や周りの人から聞いた話で投与する量を決めます。量や種類が間違っている可能性も高いし、血液検査も定期的に受けていない人が多いので、健康被害が心配されます。仮に血液検査を受けていても「ホルモン療法を個人輸入でやっています」と病院にいえる人は少ないんですね。ということから健康被害も結構あったりします。

さらに、ホルモン療法は不可逆的な変化なんですね。不可逆で元に戻らない。女性で男性になりたい人が男性ホルモンを受けると声変りをしたり、筋肉をつけやすくなったり、ひげが生えてきたり、にきびができやすくなったりとか、いろんな副作用があるんです。その副作用の中で元に戻らないものがいくつかあります。低くなった声は高くはなりません。男性から女性になる場合だと、声変りをしてしまっているのであれば、低くなっている声は高くはなりません。ボイストレーニングで高い声を出す努力をするしかありませんね。そのように不可逆的な変化が多いんですね。戻ってくるものもありますけども、戻ってこないものの方が多い。

そういうものを子どものうちから投与してしまうと大変だとか、健康的に問題があるということもあってだと思うんですが、ホルモン抑制剤というものが、最近認可されました。ホルモン抑制剤とは、二次性徴を抑えることができる薬です。大体一一歳から一二歳ぐらいの子に処方されるそうです。男性ホルモンや女性ホルモンによって本来なら起こる二次性徴をホルモン抑制剤で抑えることによって、性別に対する違和感を抑えることができます。

さらにホルモン療法の年齢が引き下げられました。ホルモン療法を開始する年齢が引き下げられたので、ホルモン抑制剤によって自分の体に本来起こるはずの二次性徴を抑えたまま思春期を過ごして、ちょっと大きくなった頃にホルモン療法を開始する。一五歳から開始することができるようになりました。一五歳からホルモン療法を開始することによって、性別に対する違和感をそんなに感じることもなく、性別を移行することができるようになっています。

つぎに、「改名」の問題を採り上げてみます。性同一性障害の人で改名する人が結構多いんですね。生まれた時につけられた名前というのは生まれた時の性別の名前なので、それに対して違和感がある人というのが結構多いのです。改名は家庭裁判所に申し立てるんですけども、性同一性障害の診断書を出すと結構すんなり認められるんですね。

でも診断書がないとすごくややこしくて、今その名前で生活しているという証明になるものをいくつか、年賀状とか宅急便の伝票とか電気代の支払いの請求書とか、そのようなものを集めておいて、これだけ長い間この名前を使っているんですよというアピールをすることによって改名することができます。改名の使用実績は五年から一〇年ほど必要だといわれています。すごく長いですよね。それで性同一性障害の診断書をとるという人がすごく多いです。

また、「戸籍変更」によって戸籍の性別を変更することができます。性同一性障害のある人で決められた条件に当てはまった人は、戸籍の性別を変更することができます。戸籍の性別の変更の要件は、「二〇歳以上であること、結婚していないこと、現に二〇歳未満の子がいないこと」。子どもがいても成長して成人していれば問題ありません。成人していない子がいないこと。「生殖能力を永久的に欠く状況であること」。あとは「外性器の形状が異性のものに近いものになっていること」。この五つを満たしていれば戸籍の性別の変更をすることができるんですね。

この要件の五つのうち四と五、「生殖能力を欠く状況であること」と「外性器の形状が異性のものに近いものになっていること」、この二つの要件はすごく問題があるといわれています。戸籍の性別を変更するにはそのような要件があるんですけども、四つ目、五つ目は人権的に問題だと国連からも指摘されていて、ただ今のところは変わる予定はないです。

本当に最近なんですけども、性同一性障害の人の性別適合手術を保険適用にすると発表がありました。保険適用になれば手術をしたいと思った人がしやすくなるのでいいと思いますけども、本当は手術したいと思っていないんだけども、自分の性別を変えるために必要だから手術しようと思っている人の後押しをしてしまうんじゃないかということで、それは問題だという意見がでたりしているところであります。

性同一性障害については、とりあえずこれぐらいにしておいて、注意したほうがいい言葉についての話に移ります。

●注意した方がいい言葉

「レズ」「ホモ」「オカマ」「オナベ」「オネエ」「両性具有」「インターセックス」といった言葉があります。

「レズ、ホモ」という言葉はなんで注意した方がいい言葉なのか。「ホモ」とか「レズ」はよく聞く言葉だと思います。昔、同性愛が病気とされていた時、差別的な意味合いで使われていた言葉が「レズ」とか「ホモ」なんですね。差別的な意味合いが染みついてしまっている言葉なので、あまり人に向かって使わない方がいいんじゃないかと思います。「レズ」ではなくて「レズビアン」と呼ぶとか、「ホモ」じゃなくて「ゲイ」と呼ぶということをしていただけるとうれしいです。

「オカマ」「オナベ」という言葉は、男らしくない男や女らしくない女を馬鹿にしてやろうという気持ちで使われてきた言葉なんですね。これもやはり人に向かって使う時にはふさわしくないんじゃないかなと思います。

「オネエ」は最近流行っているんですけども、「笑っていい存在」とか「気持ち悪がっていい存在」として扱われていることが多いので、まだ歴史は浅いですが、他人に向かっては「オネエ」という言葉も使わないようにしていただくほうがいいかなと思っています。

●体の性の様々な発達

「インターセックス」という、LGBTではない、性分化疾患についての言葉があります。私は性分化疾患についての質問を受けることがちょくちょくありますが、医学的な部分や専門的な部分が多いので、私もあまりわかっていないというのが正直なところなんですね。もちろん性分化疾患を持つ人の中でもLGBTQの人はいますが、そもそもセクシュアルマイノリティと性分化疾患は全く別の問題なんですね。性分化疾患を持つ人というのは、女性・男性の染色体や性器の形状などの固定観念とは一部違う女性・男性の人たちのことです。実は「男でも女でもない性別」とか「第三の性別」という表現は性分化疾患の方にとってひどく傷つく表現だと聞きます。「性分化疾患」という言葉や「インターセックス」という用語には日本でもどうしても「男でも女でもない性別」とか「第三の性別」というイメージが染みついちゃっているので、最近では「体の性の様々な発達（ＤＳＤｓ）」という言い方がされているとのことです。

もしもこの性分化疾患について関心があるという方がおられましたら、「ネクスＤＳＤジャパン」というサイトを参考にされるといいかなと思います。わかりやすい資料が何種類もダウンロードできるようになっていますので、参考にしてみてください。

●四つの指標・れんの場合

実際に私のことについて、「れんの場合、わたしの場合」として四つの指標で説明していきたいと思います。よかったら、自分だったらどのへんかなと想像しながら聞いていただいたら面白いかなと思います。

まず「心の性別」。私は子どもの頃は子どもでした。どういうことかといいますと、子どもの頃、自分の性別について考えたことがなかったんですね。幼稚園の頃とかあんまり記憶がないんですけども、ドラムセットを使っている時に、友だちにバチを取られて友だちを殴った思い出ぐらいしかないんです。

小学生ぐらいになったら割と記憶に残っていることも多いです。私、赤いランドセルだったんですよ。ワインレッドだったんですけど、自分で選んだんですね。なんで選んだかというと「ワインレッド」という名前が、超カッコイイと思ったからだったんですよ。ワインレッドのランドセルを背負っていたんですけど、周りの友だちは黒い子が多かったんですね。それを見た時、「色、違うな」ぐらいにしか思っていませんでした。遊ぶ友だちも、ポケモンのゲームをしたり、彼岸花を摘んでネックレスにしたり、虫取りに行ったりとか手芸でフェルトを使ってぬいぐるみをつくったりとか、いろんな遊びをしていました。男の子の遊びといわれる遊びも女の子の遊びといわれる遊びもどちらもしていたんですけど、その時は自分の性別というものを意識せずに遊べていました。

でも大きくなって高学年になったぐらいの頃に、「何かがおかしいぞ」と思いだしました。「周りの子のランドセルはみん

図2　性の4つの指標　れんの場合

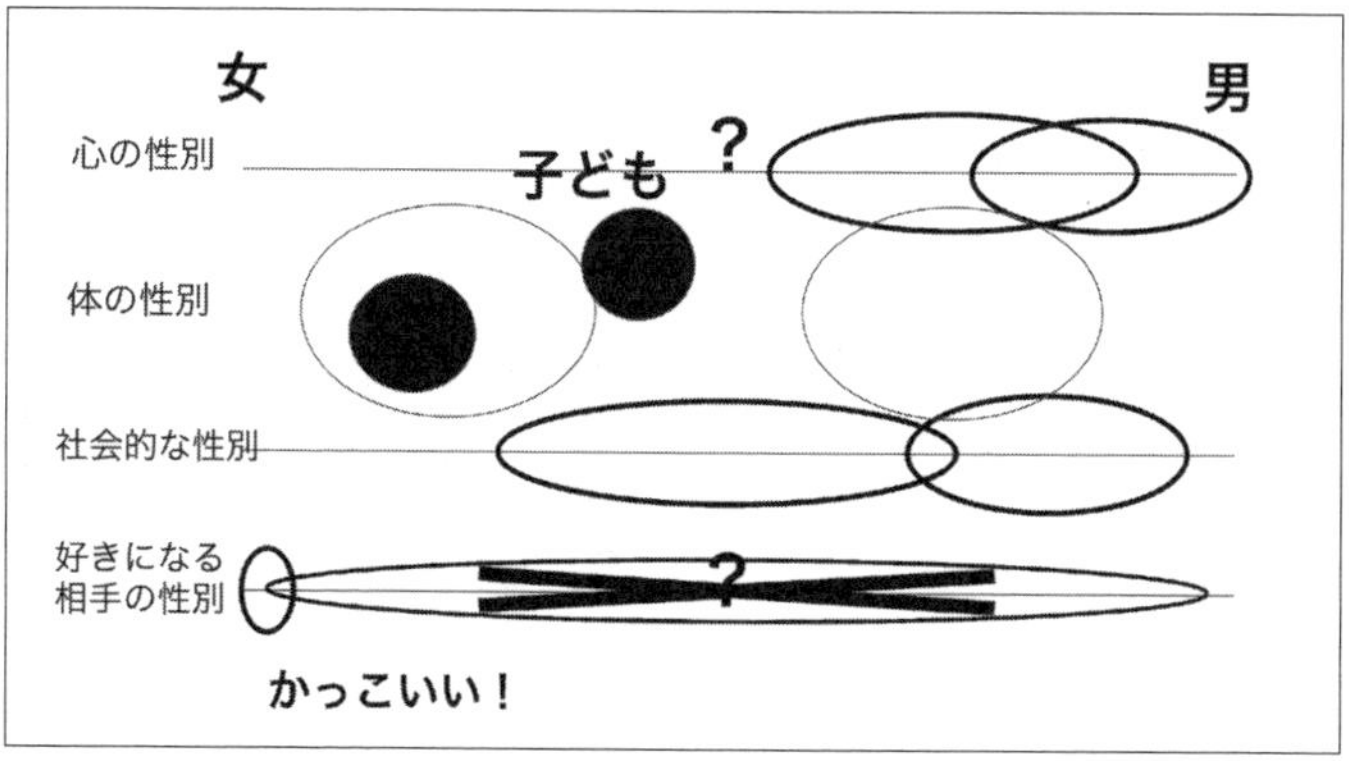

な黒やのに赤やん」とか、スカート穿くのがすごい嫌いだったんですけど、みんなが嫌がってるわけじゃない。穿いてくる女の子のお友だちもおるけど、男の友だちは穿いてこないとか。そういうところで何かおかしいぞと感じ始めました。

小学校六年生の時は、一人称が名前でした。今の漣という名前ではなく、「水萌《みもえ》」という名前だったんですが、いつも「みもはな～」ってしゃべってました。同じように一人称が名前の男の子がクラスメートにいたんですよ。「かい君」っていうんですけど、かい君は「かい君はな～」ってしゃべっていました。ある時、かい君に対して担任の先生が「男の子は自分のことを名前で呼ぶのは恰好悪いし、恥ずかしいことなんやで」と注意したんですね。それを聞いた時、すごいショックを受けました。「なんで私にはいわないんだ?」って思ったんですね。

抵抗したい気持ちが生まれまして、その日から「みも」と自分のことを呼ぶのを止めました。じゃ、なんて呼ぼうと思った時に「俺」とか「僕」といったら、「男の子ぶってる」といわれて恥ずかしいかなと思った。かといって「うち」とか「私」といったら女の子らしくて嫌やなと思いました。じゃ、どうしようと思った時に「自分って言おう」って決めたんです。その日から本当に徹底して「自分」を使い、「みも」って一切言わないように気を付けて生活をしていました。

そんなふうに自分の性別がよくわかんないなと思ったのが、小学校の高学年ぐらいでした。「自分」というようになってから、作文を書く時も全部「自分」と書いて、先生に全部赤で「私」と書き直されたりしているような小学校生活を終えます。

中学校に上りました。中学校の話は卒業するかしないかまでいってしまうんですけど、ある時、「トランスジェンダー」という言葉に出会ったんですね。それまで「レズビアン」と「性同一性障害」は知っていたんですけど、「トランスジェンダー」って言葉は知らなかったんですよ。

「レズビアン」は女性として女性を好きになることですけども、当時の私の認識としては「女の子を好きになる女の子はレズビアン」、性同一性障害というのは「性別を変えて生きる人のこと」で、女性から男性になる人は皆手術を受けるし、髭生やすし、刈り上げ、筋肉ムキムキってイメージだったんですよ。私は性同一性障害ではない。なぜなら筋肉ムキムキにしたくないし、刈り上げたいとも思わないし、髭を生やしたいとも思わない。でも「女の子が好きだ」、ということは、「私はレズビアンだ」、と思って中学校時代を過ごしていました。

そして中学校を卒業するかしないかぐらいに「トランスジェンダー」という言葉に出会って衝撃を受けました。「トランスジェンダーは性別を変えて生きようとする人のこと。みんなが手術するわけではないし、服装だけ変えて満足する人もいます」とホームページに書いてあったんですね。そこを見てすごくショックを受けた。「私って、心の性別が男やったから今までこんな違和感あったんか」と思いました。

しばらくの間「心の性は男だ!」と思って生活していました。高校は入学してすぐ中退してしまったんですけども、中退して働くようになってからセクシュアルマイノリティの集まりに行くようになって、いろんな人に会っていくうちに、自分は「心の性別」が「男」っていうことにあまりこだわっていないと思いだしたんです。男か女かと言えば男なんやけど、どっちかというと男なだけで別にそんなに強く男って思っていないので、図のこれぐらいの位置に○を入れました。

「体の性別」について、私は女性です。生まれた時に女性でした。女性の性器を持っているし、ホルモンバランスも正常な女性のものです。なんかよくあるパターンの女子の体をしています。なんですけども胸をとる手術をしました。何歳の時かちょっと忘れたんですけど。後は男性ホルモンの注射を始めました。一九歳の時です。男性ホルモンを注射することによって、声が低くなったり、喉仏が出てきたり、にきびができやすくなったり、月経が停止したり、筋肉がつきやすくなったり、髭も濃くなったり、いろんな副作用があるんですけども、そのような変化を経て今、体の性別は、ギリギリ女であるけども、もうちょっと頑張ったら男に飛び移れそうなところと表現しています。

この図で体の性別が二つの島に分かれている理由ですが、先ほど言った「性分化疾患」が理由です。体の性別が一直線でグラデーションですといった時、真ん中にいる人って「性分化疾患」といわれている人たちじゃないですか。だけど「性分化疾患」の人たちは、自分たちは真ん中だと思っていないんですね。男女どちらかだと思っている人が、ほとんどです。だから体の性別だけは男女に分けて島の形、別の島という表現をしています。

「社会的な性別」の役割。これは中学校とか高校の頃は、どちらかというと男性として扱われたいなと思っていたんですが、最近では真ん中だと思っています。こう思うようになったのには理由、きっかけがありました。私、今の会社は男性として働いているんですが、前の会社は女性として働いていたんですね。女性として働いているのに男性ホルモンの注射を開始して、見た目が男性的になってきて「何か、おかしいぞ」と思われ出したので辞めたんです。

その前の会社で女性として働いていた時に、お弁当をつくって持っていったんですよ。ごはんと生姜焼きだけ入れた生姜焼き弁当を味気ないタッパーに入れて持っていって食べていると、会社のおばちゃんから「あんた、弁当作ってもってきたん?」って。「はい」といったら、「もうちょっと彩りとか考えたらええのに」っていわれたんです。「あ、そうですか」といっていたんですけど、それが女子時代にあった出来事です。

今の男性として働いている職場に、同じタッパーに同じようにごはんと生姜焼きだけ入れて、お弁当を持っていっていたんですね。そしたら会社のおばちゃんから「あんた、弁当つくってきたんか?」「はい」っていったら「男の子なのに偉いね」って褒められたんですよ。そのギャップというのがちょっと嫌だなと思って、今は、「社会的役割の性別」については男女関係なく扱われたいと思っています。

「好きになる相手の性別」。初恋の相手は女の子でした。小学校四年生の時に初めて本気で人のことを好きになったんです。女の子でした。めちゃくちゃカッコいい女の子やったんですね。ハキハキ物をいうし、先生とか先輩にも全然物怖じせず意見をいうというような、すごいカッコいい女の子だったんですけど、その子のことが好きでした。

小学校四年生から二〇歳まで一〇年間片思いを続けるんですけど、何をしてもカッコいいなと思っていました。私の中学校では白い靴が指定だったんですけど、真っ白の新しい靴を下して学校に行ったら、必ず一番に踏みにくるところもすごいカッコいいなと思っていたんですよね。

そんなカッコよかった、好きだった女の子のことを二〇歳ぐらいの頃に好きじゃなくなっちゃいました。なんで好きでなくなったのか、理由はよくわからないんですけど、ある時、その子のツイッターを見ていて「ゴハン、食べたよ」という報告を見た時、「あれ？　全然ドキドキしない。好きでなくなっている」と気が付いて、その時から好きじゃなくなりました。

その子のことを好きじゃなくなった時に、「それじゃ、あの子が女の子だったらから好きだったのか？」といったら、そうじゃなかったんですね。女の子だったから好きやったのなら異性愛だけど、「カッコいいから好きやったんや」と思ったんです。「カッコいいから好きということは、性別に関係なく人を好きになるんかな」と考えたんです。

それから、「いや、ちょっと待てよ。そもそも恋愛にそんな積極的じゃないぞ」と思いました。振られたり振ったりして終わったりしたら、「次の恋愛したい」と思うタイプの人もいるじゃないですか。「私はそうでもないぞ」と思って。じゃ、「性別関係なく人を好きにならないんじゃないか？」と思ったんですね。結局、性別に関係なく好きになるのか、性別に関係なく好きにならないのか、どっちかよくわかんないなということでクエスチョンマークにしています。

私の四つの指標を先ほど説明した用語で表すとすれば、「心の性別」と「体の性別」はずれて、「好きになる性別」はわからないという、「トランスジェンダーのクエスチョニング」という言葉で表現できるでしょう。

●データ

ここから、データを使って話をしていこうと思います。二〇一三年に行われた「ホワイトリボンキャンペーン」という自殺予防のキャンペーンの中でとられたアンケートで、小学生から高校生までの間に自分を「LGBT」であると話した人数の調査結果が公表されています。

女子、男子というのは戸籍上の性別です。女子の場合、「誰にも言っていない」が三一%、「一人から四人に言っている」が三八%、男子の場合、「誰にも言っていない」が五三%、「一人から四人に言っている」が二三%。どちらの場合も七〇%近い人が誰にも言っていないか、一人から四人までしか言っていないという結果になっています。少ない人数しかカミングアウトしていないということから「LGBTの人って本当にいるの?」って疑問につながったと思います。

本当にいるんですけども、ほとんどの人が誰にも言えていないか、言えても信頼できる一人から四人までしか言えていないという結果が出ています。そしてこの一人から四人に選ばれている人の多くが同級生となっています。ほとんどの人が同級生とか友だちを選んでいます。家族とかきょうだいとか親に打ち明ける人は少数派になっています。学校の先生も少数派ですね。そのような結果から、大人の目線から見ると、なかなか見つかりにくいものなんだなと思います。

思春期におけるライフイベントとして、自分がＬＧＢＴであることに、いつ気づくのか。二〇〇七年のデータで、新しいものに更新できていないんですが、あまり変わっていないです。私たち誰もが同性愛について、なんらかのイメージを持っています。現在の日本では、実生活で、ＬＧＢＴとかセクシュアルマイノリティに対して、肯定的なメッセージがまだまだ不足しています。特に同性愛について、「気持ち悪い」とか「ネタにしていい」とか「笑っていい」というネガティブなイメージがすごく強くある。多くの人は、同性愛者に対して気持ち悪いとかネタにしていいというイメージをもったまま大きくなっていくんです。

そのようなイメージをもってしまって一番苦しむのは誰なのかというと、「自分は同性に魅かれている」ことに気づいた子どもたちです。自分は同性を好きなんやと気づいた時、「自分って、あんなキモいものなんや」と思ってしまうんですね。そうならないためにも、メディアでの取り扱いを考えなければなりません。

最近では「保毛尾田保毛男」事件という、昔テレビに出ていたキャラクターを復活させてしまったという事件がありました。そのようなことが起こってくると、ホモというのは笑っていいんだ、気持ち悪がっていいんだというイメージを刷り込まれる。

そういうことを防ぐためにも、同性愛って全然おかしなことじゃないと教えるだとか、気持ち悪いネタにしていい人なんて存在しないんだということを伝えるのが大事なのかなと思います。「笑っていい」とか「気持ち悪がっていい」と思われていることもあって、成長していく過程の中で自殺を初めて考えるとか、自殺未遂を起こしてしまうとか、異常な事態が発生してしまっていると思っています。

性別に関して違和感があった時期について、これは性同一性障害の診断を受けた人を対象にしたものですけども、全体の九割までが小学校低学年までに「性別に違和感を自覚した」と答えています。三歳から四歳ぐらいの物心がつくといわれる頃に、どの服が女の子向けとか、この色は男の子向けとか、社会での性別のルールを何となく学習し始めるんですね。自分の性別をどう捉えているかによって行動し始めるのが、この頃といわれています。早い場合だとそれぐらいの頃から「これ、男の子のおもちゃやからいらん」とか「女の子の服やからいらん」というアピールが出始めたりします。

ただこれはあくまでも調査結果なので、確実に正しいというわけでもないですし、実際私の周りでも還暦を迎えてから性別に対する違和感に気が付いたという方もいらっしゃいます。逆にハイハイしていた頃から、「この色は女の子の色だから嫌だ」と思っていたという女の子もいたりします。これも幅が広い問題です。「ＭｔＦ」というのは男性から女性に、「ＦｔＭ」というのは女性から男性に性別を変えた、または変えたい人のことですね。ＦがFemaleでＭがMale。ｔがtoということでＦｔＭ、ＭｔＦとよびます。

●日常生活で困る事

ＬＧＢＴの人が日常生活で困りやすいことは、大きく二つに分けることができます。一つ目が「戸籍の性別で分けられているもの」。これで困る人たちは主に「トランスジェンダー」の人たちです。次に社会的な性別や異性愛前提で分けられているもの。これで困るのは「セクシュアルマイノリティ」の人全般です。でもセクシュアルマイノリティ以外の人も困っているのではないかなと思います。

戸籍の性別で分けられているものの方で、ちょっとだけエピソードを話そうかなと思います。トイレの問題は重要になってきます。トランスジェンダーの話をすると、いつもトイレの話ばっかりなので「トイレの問題しかないんですか?」といわれることも多いんですけど、それぐらいトイレの問題は重要な問題です。

私は、今は男性に見えるだろうという自信があるので、男子トイレに入ることができます。まだここまで男性的でなかった頃、喉仏がまだ出ていなくて声ももうちょっと高かった頃は、男に見えるか女に見えるかわからなかったので、トイレに入れなかったんですね。「男だ」と思われた人に「ここ、女子トイレですよ」といわれても怖い。男子トイレに入って「お前、女子トイレ入れや」といわれても嫌やな。それで外でトイレに行けなかったんですね。

どこのトイレを使っていたかというと自分の家かコンビニエンスストア。うちの近くのコンビニのトイレは一つしかなくて男女共用なんですよ。すごく使いやすくて、そこを使っていました。あとは小さい喫茶店でも結構男女共用トイレがありますよね。そんな風にトイレで困る人は結構多くいます。

中学校の時、学校の中のトイレに入ることがどうしてもできなくて、いつも我慢していました。家と学校は、チャイムが鳴りだしてからでも走ったら間に合うぐらい近かったんですけど、学校のトイレに行けないので、学校ではなるべく水分を摂取しないように控えて、トイレに行きたくならないようにしていました。行きたくなっても我慢して、家に帰ってトイレにいく生活を送っていました。何回か鍵を忘れて家を出てしまった時は庭でオシッコをしたこともあります。それぐらい女子トイレは嫌だったんですね。女子の制服を着ていたんですが、女子の制服を着て女子トイレに入ったら「ほんまに女子みたいやん」という抵抗心があって、なかなかそこに入ることができませんでした。

あとは「着替え」の問題もあります。体育の時に着替えがあったんですが、当然ですが、私は女子のところで着替えていたんですけども、人の着替えを見るのがすごく嫌だったんですね。何か申し訳ない気持ちになるのでなるべく人の着替えを見ないように、そして自分の着替えも見られないようにしていた。ブラジャーつけてるとか生理用パンツとか見えてしまうと、何か自分のことを女子だと認めてしまう気がするんで、そういうところを絶対見られないようにしようと、誰よりも早く着替えをしていました。休み時間に入った瞬間にサッと着替えて、誰よりも早く体育館なりグラウンドに行くという生活をしていました。

今通っている定時制高校は男子ばかりのクラスです。今は胸をとってしまっているので上半身裸になってもわからないですし、下はプール以外の体育の授業ではパンツ穿いたままでズボンを穿き替えるだけなので、普通に着替えをしています。

「制服」も困ります。制服はしんどい人が多いんじゃないかなと感じてはいますね。私も女子の制服を着るのがすごく嫌やったし、高校を中退した理由の一つでもありました。女子の制服を着て電車に乗って四五分間、人に見られ続けるのが苦痛でたまらなくなってしまったんです。「入学する前からわかってたんちゃうんか?」という話ですが、入学する前、その学校に決めた理由が、工業高校で作業服を着るから、制服をそんなに着なくてええんちゃうかと思っていたんですね。だけど登下校は制服じゃないとだめだし、学校内でも必要のある時以外制服じゃないとダメというルールで、それがしんどくて高校は一年足らずで中退してしまいました。

私の場合は学力が足りなくて成績が悪すぎたというのもあるのですが、私の仲間にいわせると「制服ごときに貴重な学びの機会を奪わせていいのか」ということです。「制服ぐらいのために」という思いも実際、自分の中にもちょっとあったりします。

二つ目は「社会的な性別や異性愛前提で分けられているもの」です。「健康診断」、「病院」ということが挙げられます。こういったものも社会的な性別や異性愛を前提で分けられているものに入っているんですね。このへんはもういいかなと思っていますが、どちらに入ってくるのかという一つのエピソードを話そうと思います。

もう三年前になるんですけども、二〇歳の時に子宮頸がんの検診に行ったんですね。二〇歳になったら、うちの自治体は子宮頸がんの無料検査クーポンが送られてくるという制度がありました。送られてきて「無料やし、行っとこう」って行ったんですよ。待合室で問診書を書いている時に「最終の月経と性行為の経験」を訊かれている項目があったんですね。最終の月経は男性ホルモンの注射を始める前の話なんで何年前やという話なので「覚えていません」と書きました。性行為の経験、「有」と書いたんですね。

それを出して、待合室から診察室に入ったら、「最終の月経を覚えていないってどういうことですか?」と訊かれて、「性同一性障害で、男性ホルモンの注射を受けていて月経が停止しているので、最終月経がいつなのかわからないんです」といったら、「そうだったんですね。それならわかりました」と、そこは納得してくれたんです。

次に「この性行為の経験有に〇をされていますけど、これはいわゆる普通のセックスの経験がありということでよろしいでしょうか?」といわれたんですね。「いわゆる普通の性行為ってどんな性行為やねん」と思ったんですけど、その先生がいいたかったのは、「あなたはFtM、トランス男性なのに、膣にペニスを挿入したことがあるんですか?」と訊きたかったんだと思うんですよ。それによって子宮頸がんのリスクが違ってくるので、それで訊いてきたんだと思うんです。

でも、性行為の経験に○をしているのに、「いわゆる普通の」って訊かれたから、なんかイラっとしてきて「そうです、いわゆる普通の性行為があります」と言いました。普通のセックスは異性愛のものだと思っているからこそ、そのような質問が出てくるんですよね。ＦｔＭだから男性との恋愛じゃなくて女性と恋愛するでしょと思っているから、そのような疑問が発生しているんだと思うんです。それは社会的な性別や異性愛を前提に分けられているからということだと思うんですね。

実際に私の友だちのレズビアンの女の子が産婦人科に用事があって行った時に、「性行為の経験を訊かれた」と言っていました。性行為の経験を何のために訊かれているのかわからないんですね。子宮頸がんの検診で、がんにかかるリスクを知るために性行為の経験を訊いているという理由が推定できるものはいいんですけども、理由がわからないのであれば、同性との性行為の経験を「有」にしたらいいのか「無」にしたらいいのか、わからないとなってくるんですね。病院としてもマイナスだと思うので「同性との性行為の場合は、こっちに○をしたらいいんでしょうか」と聞ける空気があればいいなと思っています。

ＬＧＢＴの人が日常生活で困りやすいもう一つのことは、「社会的な性別」や「異性愛前提で分けられるもの」にまつわることです。何気ない話題の中でも男らしさとか女らしさ、同性愛に対する差別とかを感じ取ることがあるんですね。今、通っている定時制高校で、「自衛隊になんか入ったらホモになるで」という先生がいたり、「君たちはもうすぐ結婚して子どもができるんだから、そのぐらいのこと自分で決めないといけませんよ」とかいう先生がいたり、「これぐらいの勉強ができないと、将来子どもが生まれた時、子どもの勉強をみてやれなくて困るよ」という先生がいたりする。どれもみんな、将来異性と恋愛して結婚して子どももつくるという前提で話を進められているんで、そうではない人は疎外感を感じたり、自分はダメなんだというイメージを持ってしまいがちなんですね。

そういうことを防ぐためにも、「男らしさ、女らしさ」とか「結婚観」の話をする時は同性を好きになる子もいるかもしれないとか、恋愛をしない子もいるかもしれないとか、性別を変えて生きる子もいるのかもなと、ちょっとだけ頭の隅っこに置いた状態で話をしてもらった方がうれしいなと思います。

一つ目の戸籍の性別で分けられているものについての「対応案」として、文部科学省通知というのがあります。文部科学省から性同一性障害の人に対する対応案として、「通知」に載っています。「文部科学省　性同一性障害」で検索すると多分ヒットすると思います。

二つ目の「社会的な性別や異性愛前提で分けられているもの」についての対応案としては、「男らしさ／女らしさを強要しない」「いろんな性的指向があることを伝える」「さまざまなロールモデルの提示」といったことが挙げられます。

●よくある誤解

よくある誤解ということについて挙げてみたいと思います。

セクシュアルマイノリティの人に対する誤解があります。つらい人生経験をしているという誤解があったりします。辛い思いをしていると思われがちですけども、「全然、辛いことなんてなかったよ」ってハッピーな人もいます。私の場合だと多少つらいこともありましたけども、そこまでしんどいこともなかったかなという感じですね。「学校にいやな思い出がある」。私の場合はオシッコもらしたこととか友だちをバチで殴ったとか、いろんな思い出があるけど、嫌な思い出がない人もいます。私は多少、ある人です。それだけの話です。

セクシュアルマイノリティの人は「多様なセクシュアリティの知識」があるということもよく勘違いされます。自分が性同一性障害だからとか、自分が同性愛だからとか、自分はトランスジェンダーだからといって、セクシュアリティ全般に知識があるかというと、そんなことありません。私は「トランス男性」ですから「トランス男性」についてはちょっと詳しいですけども、ゲイについてはあまり詳しくないかもしれません。多少、一般の人よりは知識があるけれども、ゲイの人に比べたらゲイの知識はまだまだ少ないのだと思います。

また、「自分らしさを追求していて、すごいですね」とよくいわれるんですけど、これも誤解です。自分らしさを追求しているんじゃなくて、ただ自分の生きたいように生きようとすると、自分らしさを追求しているような感じになってしまうというだけの話です。

「性別に関係なく、人を見る力がある」というのもよくいわれるんですけども、そんな超能力みたいなもの持っていません。性別を話している時に女性だとか男性だとか、意識したこともありますし、男だからとか女だからとか、ちょっと思ってしまう部分もあったりします。

●カミングアウト

カミングアウトしているのかという話ですけども、「カミングアウト」という言葉はご存知ですかね。最近だとバラエティとかで「カミングアウト」というコーナーがあったりするらしいので、何か秘密にしていたことを明らかにするという意味で使われているのではないかなと思います。「coming out of the closet（カミング・アウト・オブ・ザ・クローゼット）」ということで、「クローゼットから出ていこう」という言葉が語源になっています。

「カミングアウト」というのをしているかどうか。私は結構している方だと思います。両親にはカミングアウトしています。妹にはカミングアウトしていなかったんですけど、妹が通っている大学で、私は一コマだけ授業をやらせてもらっているんですね。年に一コマだけ。ＬＧＢＴの話、今日しているような話をするんです。そこで話をして質問を紙に書いて回収したら、「友だちに紹介する時、お兄ちゃんっていったらいいですか？　お姉ちゃんっていったらいいですか？」と書いた紙が一枚混ざっていまして、「妹いるのに、やってもた」というのが発生した。意図せずカミングアウトになったんですけど、そんな感じでなんやかんや私はカミングアウトしている方です。

妹も知っているし、両親も知っている。中学校からの友だちが六人いるんですが、その友だちも私が元々女子だったことを知っているわけで、今の見た目も知ってるんで気づいているんだろうなと思います。特にカミングアウトはしていませんが、気づいているだろうなとは思っています。「カミングアウト」に対して「アウティング」という言葉があるんですね。これは絶対してほしくない行為なので強く言うんですけど、「アウティング」というのは絶対しないでください。「アウティング」というのは、その人が秘密にしているセクシュアリティを勝手に言ってしまうことです。それをされてしまうと、誰が自分のことを知っているのかわからないという不安があります。絶対やめてほしいと思います。

半年前にニュースになっていたんですけど、東京の大学で自分が「ゲイ」だということを「アウティング」された学生さんが亡くなった痛ましい事件もあったりしました。そういうことを防ぐためにも、絶対に「アウティング」だけはしないでくださいとお願いしています。もしも自分がカミングアウトを受けて、一人で抱えきれなくて困った時は、電話相談等を活用していただければと思います。

●行政の取り組み

日本の行政で一番早く、自治体としてＬＧＢＴを支援することを宣言したのは、大阪市淀川区です。いろんな事業をやっているんですけども、私が関わっているコミュニティ・スペースという事業があります。貸会議室の一室を借りて、そこで自由におしゃべりできたりする空間を提供しています。

電話相談もやっているので、もし何か困ったことや悩み事があれば、ここに電話していただければいいかなと思います（二〇一八年三月末終了）。コミュニティ・スペースもLGBTとかセクシュアルマイノリティ限定ではなく、誰でも参加できる場ですので興味がある方はぜひご参加ください。

電話相談の話をついでにいうと、私の所属しております「QWRC（くぉーく）」も電話相談を開設しておりますので、もし誰かに「カミングアウト」されて困ったとか、もしも恋愛対象について困ったとか何か相談があれば電話相談やコミュニティスペースを活用していただければいいかなと思います。

一応これでお話は終わりにしたいと思います。ご清聴いただきありがとうございました。

（第31回花園大学人権週間・二〇一七年十二月六日）

生きるに値する命とは？

――相模原障害者殺傷事件と私たち

小林敏昭

●『そよ風』誌の終刊

二年ほど前まで、花園大学で非常勤講師として「情報文化論」を担当していました。この無聖館のホールでも何度も講義をしましたので、懐かしい思いでまいりました。先ほど藤井渉先生から過分なご紹介があり、理論的な立場から発言してきたとか哲学的な思考を続けているとおっしゃっていただきましたが、そんなことは全然ありません。

私はみなさんと同じくらいの年齢から障害をもつ人たちとのつきあいが始まって、今日まで四四、五年ずっとそれが続いています。障害をもつ人たちの介護をしたり、いっしょにいろんな活動をする中で、もっと障害者問題を社会的に訴えていかないといけないという思いで、『そよ風のように街に出よう』という雑誌を創刊したのが、一九七九年です。障害者問題は障害者自身の問題というより、周りの社会の問題だということをもっと広く訴えていこうと、雑誌を始めたわけです。

三八年の間に読者数が一万人近くに達したこともありましたが、最後のころは一二〇〇人、一三〇〇人くらいまで落ち込みました。読者が減ったということは、この雑誌が社会的に必要とされなくなったのではないか、という思いがあって、二年ほど前に「終刊」を決めました。「廃刊」というと何か刀折れ矢尽きたようなイメージなので、あえて終わりにするんだという思いを込めて、「終刊」という言葉を使ってきました。

そして私たち編集メンバーは、終刊を決めた後の二〇一六年七月に相模原市で障害者殺傷事件が起きたことで大きなショックを受けることになります。

事件については後ほどお話ししますが、『そよ風』の終刊を報じた新聞記事を紹介します。一

障害者と社会 つなぎ続けて

創刊37年の雑誌 来夏終刊

37年前に大阪で創刊した障害者雑誌が、来夏の最終号で幕を閉じる。障害者が発言する場はネットなどで飛躍的に広がり、編集部は役割を終えたと判断した。障害者が生きやすい世の中をどう実現するか――。携わった人たちは今後も、この問いかけを続けるつもりだ。

広がる発言の機会

病床の河野編集長（右）を見舞った梅谷明子さん（左）。創刊号の思い出を語った＝大阪府箕面市内

家族・教育・恋愛・性…

問題提起 多彩に

情報発信 今後も

資料1　2016年11月21日朝日新聞夕刊（大阪本社版）

つは二〇一六年一一月の朝日新聞です（資料1）。写真は入院中の『そよ風』編集長の河野秀忠を見舞った時のものです。二〇一六年六月に自宅の玄関で転倒して脳挫傷と硬膜下出血になり、緊急手術を受けました。そして一年二カ月間の闘病の末、二〇一七年九月に七四才で亡くなりました。創刊以来彼が編集長、私が副編集長でずっとやってきました。だから私にとって大きな痛手でした。

もう一つは二〇一七年八月の毎日新聞です（資料2）。「障害者も街へ　次章」という見出しは、雑誌は終わるけれどもまた次に受け継がれていくという意味を込めてつけられたんだと思います。この取材をしてくれた畑律江さんという毎日新聞の記者は、『そよ風』に何十年も寄稿してくれた方で、そういう思いを込めて「次章」という文字を入れてくれたんだと思います。

障害者も街へ 次章

「地域で生きる」総合誌終刊

大阪を拠点に38年にわたり、地域で生きる障害者たちの実感と声を読者に届けてきた障害者問題総合誌「そよ風のように街に出よう」が、7月末発行の第91号で終刊した。時代の変化を背景に「当初の役目は終えた」との判断で、今後は新たな発信へと歩を進める。【畑律江】

発信手段多様化 一定の役目

相模原事件になお課題

資料2　2017年8月4日毎日新聞夕刊（大阪本社版）

二〇一六年一一月にはＮＨＫ「ニュースウォッチ9」が、「差別と闘った雑誌」というタイトルで『そよ風』の終刊を特集し、二〇一七年九月には朝日新聞の「天声人語」が『そよ風』の終刊と河野編集長が亡くなったことを取り上げました。こういう形で多くのメディアが雑誌の終刊を伝えたわけです。そして、赤字路線が廃止になるというときに全国から鉄道ファンが駆けつけるのと似たような現象が起こって、大きな反響がありました。

●補完と錯覚

ということでいきなりですが、クイズです。アルファベットの文字の一部が欠けていますが、読める人いますか？（資料３‐１）文字の欠けているところに丸いボールを入れてみます。（資料３‐２）単に欠けている文字と、欠けているところにボールを入れた文字では見え方が大分違うと思います。「ＨＡＮＡＺＯＮＯ」と書いてありますね。なぜ丸いボールを入れると読みやすくなるのか。単に一部が欠けている文字は私たちにとって二次元の世界です。二次元の紙の中で欠けている部分に丸いボールを置くと一気に三次元の絵になります。手前にボールがあって、その向こうに文字があるという三次元の図になってくる。これが文字を読みやすくしている一つの理由です。

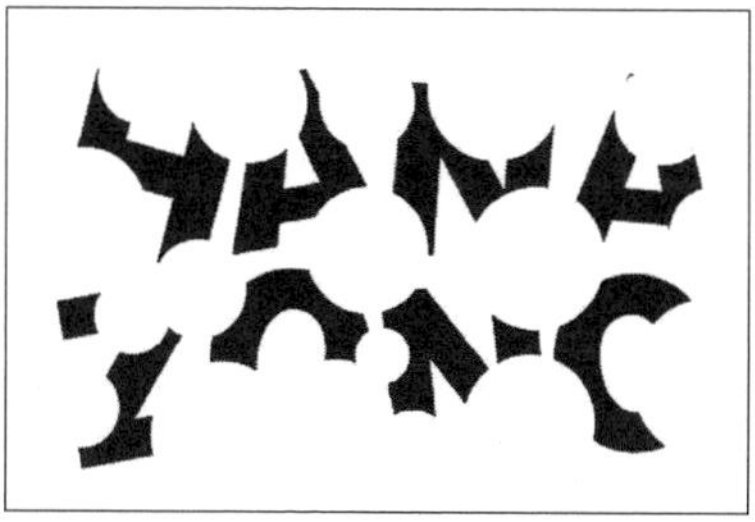

資料3-1

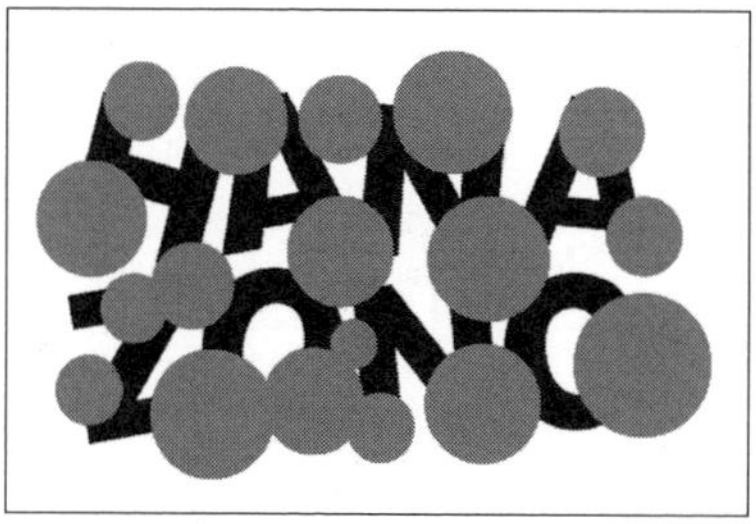

資料3-2

二次元情報が三次元情報になると、それは私たちの生活世界そのものなので、世界を把握しやすくなる。私たちは日常的に、何かに隠れて一部しか見えないけれども、その全体を無意識のうちに把握しながら生活している。つまり私たちは、自分の生活体験に基づいて世界を知覚している。そのことは頭の隅に入れておいてください。

なぜこういう話をするかというと、私たちが日常生活の中で障害者と出会う、その経験がどれだけ大事かということを知ってほしいからです。私たちは自分の体験を通して世界を把握している、知覚している。その体験の幅が広いか狭いかで、世界の見え方が変わってくるんです。

「視覚的な補完」の例を示しましたが、「聴覚的な補完」も同様です。ベートーベンの「エリーゼのために」を、単にブツブツと音が途切れたものと、その欠けたところに雑音を入れたものを聴き比べると、雑音を入れたものの方が聴きやすい。「視覚的補完」と同じです。私たちは自分の生活の中でいろんな雑音を排除し、聞きたくない音を排除しながら、聞きたい音だけを選んでいる。

例えば四条河原町の雑踏の中で恋人同士が話をする時、いろんな騒音の中で二人で会話ができるということはすごいことです。脳が音を選択して必要な音だけを自分の知覚の中に取り込んでいる。そういう生活世界に私たちは生きています。

次は有名な「チェッカーシャドー錯視」です（資料4）。AのマスとBのマスがある。二つのマスの色が同じように見える人、いますか？　同じ濃さに見える人、いないですね。AとBを重ねてみます。すると同じ濃さだということが分かります。でも全然違った濃さに見える。私たちが頭の中で視覚

資料4

的情報をどういうふうに処理するのかが、この図からわかると思います。

円柱が立っていて、その陰にBがある。Aには光があたっている。BとAが同じ濃さに見えるとしたら、もともとBはもっと明るい色をしているんじゃないかと脳が判断する。これは「錯視」の例ですが、私たちは単に世界をそのままの形で鏡のように、カメラのように写し取っているわけではない。自分の頭の中でさまざまな処理を行いながら、世界を見ているということです。

もう一つ、「ホローマスク」を見てもらいます（資料5-1）。「ホロー（hollow）」というのは「くぼんだ、へこんだ」という意味です。このマスクを回転していくと、マスクの裏側が見えてきます。（資料5-2）それは当然くぼんでいるはずです。顔がくぼんだように見え

資料5-1

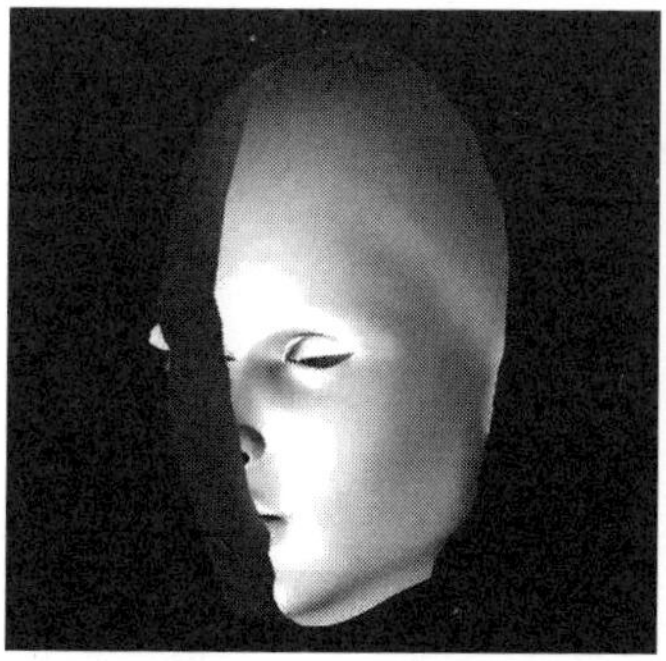

資料5-2

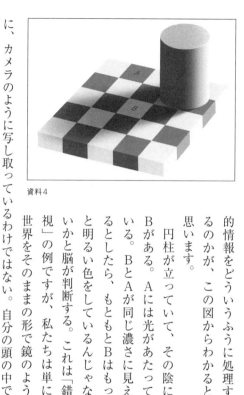

た人いますか？　一人もいませんね。この錯視も、私たちが自分の生活体験に基づいて、視覚的情報を処理していることを示しています。

私たちの生活の中で人の顔というのは非常に重要です。私たちは相手の顔色を伺い、そこから感情を推測しながら生活している。だからいくらマスクの裏側はくぼんでいると理屈では分かっていても、どうしてもくぼんでいるように見えない。それほど強烈に生活体験が知覚を歪めるわけです。

図式的に言えば、刺激があって、それが感覚となり、知覚を形成して最終的に認識を作りあげる。でも実はそうした一方向の流れだけでなく、認識がフィードバックされて感覚を左右し、知覚を左右する。そういう原理的な構造があることを、まず頭に入れてほしいと思います。

●情報戦争の中の私たち

情報の受け手としての私たちの原理的な問題の次に、情報そのものが持つ問題について考えてみたいと思います。イスラム研究者の宮田律さんが書いた、『ナビラとマララ』(講談社)という本をご存知でしょうか。マララ・ユスフザイさんは有名ですね。二〇一二年に、イスラム主義を掲げる武装組織パキスタン・タリバン運動の兵士によって通学バスの中で銃撃され、銃弾が頭を貫通しました。彼女はずっと女の子の教育権を求めて発言してきました。それに敵意を抱いたタリバンによって銃撃されたんですが、奇跡的に回復して、翌年国連で演説をしました。「一本の鉛筆、一冊のノート、一人の教師、それが世界を変える」と語った演説は非常に感動的なものでした。イスラム圏の一部では女子の教育を認めないという根強い慣習があります。彼女は国連でその問題を訴え、そして一七才でノーベル平和賞を受賞しました。

そしてもう一人、ナビラ・レフマンというパキスタンの女性も、マララが銃撃されたのとほぼ同じ時期に攻撃を受けます。祖母やきょうだいといっしょに自宅近くの農園で畑仕事をしていた。その時、アメリカのCIAのドローン、無人攻撃機がミサイルを落としました。祖母が亡くなり、彼女も重傷を負います。でも、このナビラのことを知っている人はほとんどいません。

マララはテロリストによって攻撃され負傷した、かわいそうな女の子。一方のナビラはアメリカの無人攻撃機で爆撃され、負傷した女の子。この二人に対する世界の態度が全く違う。ナビラはアメリカの下院の公聴会に呼ばれていったんですが、四百数十人の下院議員のうち、公聴会に出てきたのはたった五人だけでした。マララは当時のオバマ大統領夫妻に招かれましたし、下院の公聴会もほぼ満席でした。その対照的な二人の女性のことがこの本に書かれています。機会があればぜひ読んでみてください。

私たちは自分たちが所属している集団や社会、国などの価値観に基づいて情報を取捨選択しています。我々にとって都合のいい情報は積極的に採り入れるが、不都合な真実は無意識のうちに避けています。ナビラとマララについても、そういうことが言えるのではないかと思います。

もう一つ、『ザ・コーヴ』という映画の例を紹介します。和歌山県太地町では伝統的なイルカ漁を今も続けています。追い込み漁といって、沖から何艘もの船でイルカを入り江に追い込みます。「コーヴ」というのは、この「入り江」を意味する英語です。この漁が残酷だということで反捕鯨活動をしている人たちから批判され、今も太地町ではシーシェパードなどによる反対運動が続いています。『ザ・コーヴ』はこのイルカ漁を反捕鯨の立場から撮った映画です。最後に入り江全体が真っ赤に染まるシーンは大きな衝撃を与え、アカデミー賞長編ドキュメンタリー賞を受賞しました。世界的に高い評価を得たわけです。

この映画の中で、太地町の漁師たちはどういう人間として登場しているでしょう。漁師たちは反捕鯨の人たちが漁の写真を撮っているところを妨害する。時に暴力を振るう。そういう野蛮な人間として漁師たちは登場します。漁師の一人がカメラで撮影している外国人男性に詰め寄り、「帰れ！」と叫ぶ。この映画の上映反対運動が日本で広がったので、日本でだけ漁師たちの顔をぼかしていますが、日本以外ではぼかしなどかかっていません。野蛮で暴力的な漁師が、自分たちの正当な活動を妨害する、そういう映画に仕上がっています。

その映画とまったく反対の、太地町の漁師の視点から撮ったのが、ＮＨＫスペシャルの『クジラと生きる』というドキュメンタリーです。その映像では反捕鯨の外国人が、漁師たちに向かって「キラー（殺し屋）！」などと叫んで挑発します。仕事に向かう漁師が乗った軽トラックを取り囲んで進路を妨害します。そして漁師に車の窓の外から十万円を差し出して、「これをお前にやるからイルカを一頭自由にしてくれ」と言う。もちろん漁師は受け取らないんですが、そういう挑発をして漁師が怒ったり叫んだりするのを待つ。『ザ・コーヴ』の中でカメラに向かって「帰れ!」と叫んだ漁師の映像は、こうした挑発の後に撮られている可能性があります。

以上の二つの例は、情報というものが、ある問題のどちら側からその問題を考えるかによって、どれだけ異なるかという一つの証左ではないかと思います。その後、二〇一五年に『ザ・コーヴ』の問題点や捕鯨問題の背景を描いた『ビハインド・ザ・コーヴ』という映画が日本人監督によって制作され、評判になりました。こうして捕鯨問題一つをとっても、さまざまな立場から自分たちを正当化する映像が提供されます。

これは自分たちの社会や国の価値観に基づいて世界を見ていく、問題を見ていくという「自文化中心主義(エスノセントリズム)」の問題でもあります。私たちはそうした偏った情報をほとんど意識せずに得ているわけです。私たちが情報の受け手として、いかに自分の経験に縛られ生活世界に左右されているか。そして情報そのものがいかに私たちの周りで歪められているかを押さえておいてほしいと思います。

この情報の歪みには当然、情報そのものが持つ原理的な困難が関わっています。情報は事実をあるがまま一〇〇%再現することなど、物理的に、というのは、時間的にも空間的にも絶対できません。事実は選択され、編集され、場合によっては改変されます。情報にはそういう困難が常にあるわけです。ある公共放送は「公平・中立・客観」をスローガンとして上げています。確かにある社会的な問題を報道しようとする時、そういう姿勢に近づこうとすることはとても重要だと思いますが、でも情報が持つ困難を考えれば、それは基本的に不可能だと私は思っています。

●親による障害児殺しと青い芝の会

さて前置きが少し長くなりましたが、ここから私が長年関わってきた障害者問題の話に入ります。「青い芝の会」をご存じの方いらっしゃいますか？　正式には「日本脳性マヒ者協会青い芝の会」と言って、脳性マヒ者の人たちの団体です。現在も青い芝の会はありますが、一九七〇年代当時、当事者運動として先進的な活動をした団体です。私は学生時代にこの青い芝の会に出会いました。正確に言うと、出会った時にはまだ関西には青い芝の会はなくて、その前身の「グループ・リボン」という団体の障害者の人たちと出会いました。

当時は在宅障害者訪問活動というのが中心でした。街の中のどこに障害者がいるかという情報はありません。友だちの、そのまた友だちのツテをたどったりしながら障害者の家を訪問します。最初はたいてい「そんな子はうちにいません」と、言われる。何度か足を運ぶうちに玄関には入れてくれるが、障害者本人には会わせてくれない。さらに何度か足を運ぶと、やっと本人に会わせてくれて、初めて直接話ができるようになります。でも「いっしょに外に出かけましょう」と言うと、親は「そんなことは絶対させられない」と頑強に抵抗します。

最初に紹介した『そよ風のように街に出よう』という雑誌のタイトルは、当時の障害者たちが置かれた状況を反映しています。どんな状況かと言うと、障害者は地域の中にいたとしても家の中に閉じ込められている。座敷牢のようなところに閉じ込められていて、一歩も外に出ることができない。そうでない場合は、山の中の収容型の施設の中に入っている。重度の障害者はその二つに一つの選択肢しかないという時代だったんです。在宅訪問して、やっと本人と会えて「いっしょに外に出よう」と呼びかける、それが『そよ風のように街に出よう』というスローガンになり、私たちの雑誌のタイトルになったわけです。

ではどうして親は子どもが外出することにそんなに抵抗するのか。いろいろと考えました。私たち訪問者が、どこかのあやしい政治団体とか宗教団体と間違われた可能性もあります。また、自分の子どもの存在を近所から隠していたということも考えられます。

いろんなケースが考えられるんですが、最後に思い至ったのは、親は、障害のあるわが子がさまざまな欲望に目覚めることが怖かったのではないかということです。私たち若者が、これはもちろん当時ですよ、外の空気をもって家に入り込みます。若い学生ですから当然欲望の固まりです。それが家の中に入ってきて、それまで親のいうことを聞いておとなしくしていた障害者本人にさまざまな刺激を与える。欲望を芽生えさせる。それが親にとっては怖かったのではないでしょうか。

自分の中に欲望があり、それが叶えられないのは非常に不幸なことです。でもその底にもっと大きな不幸があるのではないかと私は思います。それは欲望すら持つことを許されない、欲望すら知らされない人たちが当時はいたんです。それが重度の障害者たちです。家族は周りの社会から欲望が入ってくるのを止めようとした。もしわが子が「外に出たい、電車に乗りたい、彼や彼女とデートしたい」などと言い出したら家族はたまったものではない。家族の負担が一気に増えますし、世間から「どうして社会に迷惑をかけるんだ」とバッシングを受けるかも知れない。それが怖いわけです。

二〇一六年、植松聖青年は重度の知的障害のある人たちを攻撃した。どうして重度の知的障害の人たちでした。植松聖青年は重度の知的障害のある人たちを攻撃した。どうして重度の知的なのか。そのことの意味はものすごく大きいと思います。今紹介したような、一九七〇年代の障害者に対する社会的な見方がまだ根っこでは続いていて、欲望を持つことすら許されない人たちが、まだこの日本の社会の中に、と言っていいのか社会の外にと言っていいのか、そこに確かに存在しています。

知的障害のある人の五人に一人、一一万人くらいの人が、今も施設に収容されています。今は「入所施設」と言いますが、その言い方だと自ら進んで入所しているように聞こえるので、私は敢えて「収容施設」と表現することが多い。もちろん中には本人の希望で入っている人もいますが、特に重度の知的障害者の場合は、親の意向、家族の意向で入れられるというのがほとんどです。そういう人たちが大人だけで一一万人以上いる。

そういう人たちは、ここにいるみなさんと同じ欲望を持つことをずっと許されずにきたんじゃないかと思っています。欲望が叶えられないことは不幸だけれど、欲望を持つことができないことは、その底にある、より大きな不幸だと私は思っています。そのことは、みなさんに自分を振り返りながら考えてほしいと思います。

さて、当時青い芝の会の脳性マヒの人たちは、社会的に大きな影響を与えました。その代表的な人物は、横塚晃一さんと横田弘さんです。二人は思想的にも優れた脳性マヒの活動家で、横塚さんの『母よ！殺すな』（資料6、生活書院）、横田さんの『障害者殺しの思想』（現代書館）という本の復刻版が最近出版されています。障害者問題に関わる人たちにはよく知られた本です。

青い芝の会の運動が広く知られるようになったきっかけは一九七〇年、横浜で起きた母親による二歳の娘の殺害事件です。夫は単身赴任で、母親は三人の子どもと生活していました。そのうち二人に障害があって、脳性マヒと知的障害がある下の女の子を、母親が自分のエプロンの紐で首を絞めて殺したという事件です。

資料6

この事件が起きて社会はどういう反応をしたか。「母親は犠牲者だ。福祉制度が貧困だから母親は追い込まれ、致し方なく自分の娘を殺したのだ」と、母親に対する同情が一気に巻き起こります。そして「母親の刑をできるだけ軽くしてほしい」という減刑嘆願運動が始まり、署名活動が拡がります。

その減刑嘆願運動に対して青い芝の会の人たちは、いわば殺される側から告発をします。親の会の人たちは「福祉政策、重症児対策が進んでいないからこういう事件が起きた」という声明を出します。それに対して青い芝の会の人たちは、「殺しても無罪になったり刑が軽いということになれば、次は自分たちが殺されるのではないか」と危機意識を抱いて、減刑嘆願運動に対する抗議を始めたわけです。

青い芝の会の人たちは、横浜市の検察庁、市議会、民生局などいろんな機関を回って、「母親に厳正な裁きを与えてくれ」という要望書を手渡します。そこで彼らはどんな反応に出会うか。「もっと多くの施設があれば、あんな事件は起きない。裁かれないといけないのは国の方だ」「あれが果たして罪と言えるのか、母親の苦しみがわかるのか」。薬害のサリドマイド事件というのが当時ありましたが、「生まれた時に奇形の場合は殺しても仕方がない。犬や猫を殺しても罪にならないから母親の場合も罪にならない」といった反応が返ってきました。

横塚さんたちは、「普通、子どもが殺された場合、子どもに同情が集まるのが一般的だ。何十人、何百人と意見書をもって会ったけれども、一人も二歳の子どもがかわいそうだと言った人はいなかった」と、ショックを受けるわけです。「これを説明するのに適当な言葉を知らないが、差別意識というなまやさしいもので片づけられない何かを感じた」と、彼は『母よ！殺すな』に書いています。彼は「なまやさしい」のところにわざわざ傍点を打って強調しています。

●一九七〇年代の青い芝の会の闘い

その青い芝の会には五つの行動綱領があります。その中の「われらは愛と正義を否定する」とか

「われらは健全者文明を否定する」というのはよく知られていますが、ほかに「われらは、問題解決の路を選ばない」というものがあります。「われらは、安易に問題の解決を図ろうとすることが、いかに危険な妥協への出発であるか身をもって知ってきた。われらは、次々と問題提起を行なうことのみが、われらの行ない得る運動であると信じ、且つ行動する」と続きます。これは青い芝の会の運動スタイルをとてもよく表しています。告発につぐ告発、抗議につぐ抗議をすることによって社会に問題を投げかけることが、青い芝の会の人たちの主張、運動のやり方だったわけです。

一九七〇年代の青い芝の会の象徴的な闘いを二つ紹介しようと思います。

まず、一九七六年の「和歌山県立身体障害者福祉センター占拠闘争」です。センターに入所していた脳性マヒの男性が鉄道自殺をします。彼は和歌山青い芝の会の会員でした。彼は全身性の障害のため、センターのリハビリのやり方についていけない。なかなかリハビリの成果が出ない、それなのに青い芝の会に関わっているということで、いろんないじめを受けた末に自殺したわけです。

そこでセンターに話し合いを求めたんですが拒否されて、関西青い芝連合会のメンバーが中心になって、センター占拠闘争に突入します。センターの事務所の中で、自分の首と机の足を針金で結びつけたり、扉にバリケードを作ったりして泊まり込みに入るわけです。事務所の書類を破き、事務用品を破壊し、その上大小便垂れ流しです。結局、翌日機動隊が入ってきて全員排除されるんですが、逮捕はされませんでした。一人ひとり優しく毛布でくるまれて、青い芝の会の事務所に送り届けられるんです。「不法占拠」「威力業務妨害」「器物損壊」などなど、かなり重い罪のはずです。でも彼らは犯罪者にすらなることができませんでした。

どうしてでしょう。これだけ重度の障害者が、こんな大それたことを自分で考えるはずがないと警察が判断したかも知れません。それに全部で一六人だったと思いますが、それだけの障害者をブタ箱に入れるとなると、そんなスペースもないし介護も大変です。警察の判断は賢明だったかも知れません。ともかく、そういう闘いがありました。

もう一つは翌一九七七年の「川崎バス闘争」です。当時、車イスでバスに乗ると「車イスから降りて一般座席に座りなさい」と言われました。それがどれだけ危険なことか、車イスを利用している人はよくわかると思いますが、自分の体の一部、自分の足と同じ車イスを降りて一般座席に移れば、体は安定しません。座席から転げ落ちる危険性が高い。でもバス会社は車イスのままでバスに乗車すると他の乗客の邪魔になるということで、どうしても認めなかった。

そこで全国から青い芝の会の人たちが川崎駅前に集まって、バスに乗り込みます。彼らがバスに乗り込むと、運転手はバスを止めます。そして乗客を全部降ろして運転手も降りていく。当然バスは動きません。これを「川崎バスジャック事件」と呼ぶ人もいますが、バスジャックでも何でもありません。みんなが勝手に降りていって車イスの障害者だけがバスに取り残されたというのが事実です。そういうバスが川崎駅前で何台も立ち往生して、道行く人たちが車イスの障害者を横目にしながら、介護者たちに「これを早く片づけろ」と怒鳴りつけるようなこともありました。「これ」とはもちろん障害者のことです。このバス闘争は新聞やテレビで大きく報道されて、大きな社会問題になりました。

●『そよ風』誌の三八年

そんな一九七〇年代の障害者運動に接した人たちによって、一九七九年に『そよ風』は創刊されました。創刊号を出す前に、「こんな雑誌を作るので購読してください、寄稿してください」と呼びかけるための準備号、〇号というのを作りました。その特集のタイトルが「尚司君が富中へ行った」（資料7）。当時、「東の金井康治、西の梅谷尚司」と言われ、重度障害者が地域の普通学校に入る運動のシンボル的な存在でした。その尚司君の闘いを紹介したんです。彼は当時、「多動性情緒障害児」と言われました。今だと「強度行動障害者」とラベリングされると思います。その特集にはけっこう大きな反響があって、印刷した五千部があっという間になくなりました。

特集 ある母と子の生活を賭した普通学校就学のたたかい
尚司君が富《とみ》中《ちゅう》へ行った
資料7

続く創刊号では、入部香代子さんという二四時間介護が必要な脳性マヒ者が、結婚して子どもを産んで育てるという姿を特集しました。「自分のこともできない人が子どもを産んでどうやって育てるのか」という読者からの反発もありました。それから、嬉しい反響としては「これだけ重度でも結婚できるんだから、私も希望を捨てない」という障害者の声も寄せられました。

入部さんは、この後、大阪・豊中市の市議会議員に立候補して当選し、その後四期一六年務めました。四年前に病気で亡くなりましたが、私のカラオケ仲間でした。彼女が議員になったことで、議会はいろんな変革を迫られます。例えば、議案の採決は起立によって行うことが条例で定められていました。でも彼女は起立ができない。そこで採決の仕方を変えないといけなくなります。起立ではなく挙手によって採決するという条例の改正案が議会に提出されました。これに対して一人だけ反対をした人がいる。誰だと思います？　入部香代子本人です。この条例の改正案に賛成の意思を示すためには、起立しないといけない。だからこの改正案に反対したのは、改正の旗振り役の本人だけだったわけです。

もう一人私の友人で、森修という重度の脳性マヒの人の話をしたいと思います。彼も二年ほど前に亡くなりましたが、『そよ風』の一〇号から五回シリーズで「障害者と性」の特集をやりました。その一回目に登場した彼はこれまでの性体験を赤裸々に語ります（資料8）。話だけじゃなくて彼のフルヌードの写真も見開きで載せました。当時彼は母親と二人暮らしでしたが、母親は特集を見て烈火のごとく怒りました。ついに彼は母親に家から追い出されて、一週間ほど青い芝の会の事務所で寝泊まりすることになります。私たちが母親に会いに行って話をして、何とか彼は家に戻ることができましたけど、それまで母親は自分の息子のそんな世界をまったく知らなかったわけです。この特集が母と子がお互いの世界を認め合うというか、親離れ子離れをする一つの契機になったんだと思います。

準備号の特集に登場した梅谷尚司さんは二〇一七年で五四才になりますが、私は今も月二回、彼のところに泊まりにいっています。彼は知的障害の中でも最重度だと思いますが、たくさんの人が彼に関わることで施設や病院ではなく、地域で母親と暮らすことができています。街中ではなく山間部ですが、それでも地域であることに変わりはありません。どんなに重度の障害者でも基本的には地域で生きていけると私は思っています。

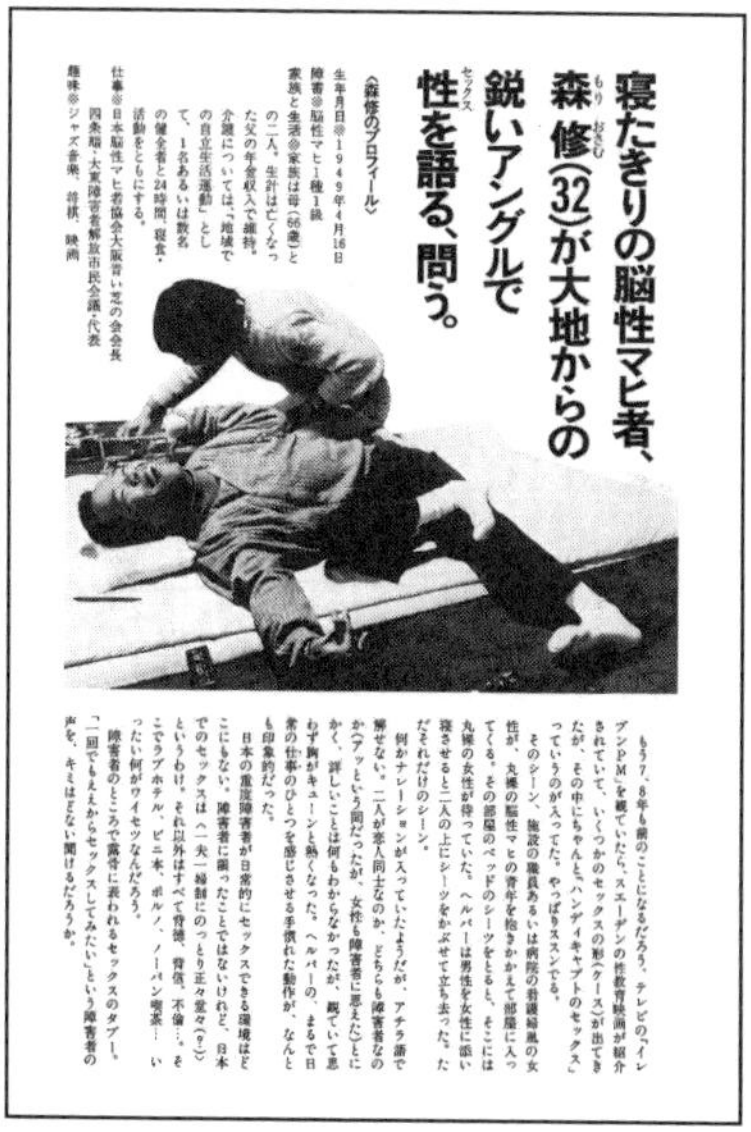

寝たきりの脳性マヒ者、森《もり》修《おさむ》(32)が大地からの鋭いアングルで性《セックス》を語る、問う。

〈森修のプロフィール〉
生年月日◎1949年4月16日
障害◎脳性マヒ1種1級
家族と生活◎家族は母（66歳）との二人。生計は亡くなった父の年金収入で維持。介護については、「地域での自立生活運動」として、1名あるいは数名の健全者と24時間、寝食・活動をともにする。
仕事◎日本脳性マヒ者協会大阪青い芝の会会長
四条畷・大東障害者解放市民会議・代表
趣味◎ジャズ音楽、将棋、映画

もう7、8年も前のことになるだろう。テレビの「イレブンPM」を観ていたら、スエーデンの性教育映画が紹介されていて、いくつかのセックスの形（ケース）が出てきたが、その中にちゃんと「ハンディキャプトのセックス」っていうのが入ってた。やっぱりススンでる。

そのシーン、施設の職員あるいは病院の看護婦風の女性が、丸裸の脳性マヒの青年を抱きかかえて部屋に入ってくる。その部屋のベッドのシーツをとると、そこには丸裸の女性が待っていた。ヘルパーは男性を女性に添い寝させると二人の上にシーツをかぶせて立ち去った。ただそれだけのシーン。

何かナレーションが入っていたようだが、アチラ語で解せない。二人が恋人同士なのか、どちらも障害者なのか（アッという間だったが、女性も障害者に思えた）とにかく、詳しいことは何もわからなかったが、観ていて思わず胸がキューンと熱くなった。ヘルパーの、まるで日常の仕事のひとつを感じさせる手慣れた動作が、なんとも印象的だった。

日本の重度障害者が日常的にセックスできる環境はどこにもない。障害者に限ったことではないけれど、日本でのセックスは〈一夫一婦制にのっとり正々堂々（？）〉というわけ。それ以外はすべて背徳、背信、不倫…。そこでラブホテル、ビニ本、ポルノ、ノーパン喫茶… いったい何がワイセツなんだろう。

障害者のところで露骨に表われるセックスのタブー。「一回でもええからセックスしてみたい」という障害者の声を、キミはどない聞けるだろうか。

資料8

その前には人的・社会的資源の問題が立ちはだかります。問題は本人の障害の状態というより、その人を取り巻く周りの環境、社会的な環境です。彼は小さい頃、家庭の事情で短期間施設に預けられたことがあったんですが、お母さんが会いにいったらほとんど自分の足で歩けないくらいふらふらになって面会室に入ってきました。大量の精神安定剤を飲まされていたんですね。そこで彼女は二度と精神病院にも施設にも入れないと決心し、ある障害者団体の集まりに参加して「助けてほしい！」とＳＯＳを発信しました。そこが彼女の偉いところだと思います。家族だけで抱えこまなかった。それはとても危険だと分かっていたんです。そしてその彼女の声にたくさんの人が応えて、今日までやってきているわけです。

●相模原障害者殺傷事件と私たち

さて、障害者に情報を届ける、障害者の声を社会に届けるという目的で『そよ風』を発行してきたんですが、この間、障害者たちが、十分とは言えないかも知れませんが、社会的な力をつけ、自分たちで情報を発信するようになってきました。そして冒頭でも触れたように『そよ風』の読者数も減ってきたということがあって終刊を決めたわけです。

そしてその半年後に、神奈川県立津久井やまゆり園で障害者の大量殺傷事件が起きました。二〇一七年の五月、私は一人で現地に行ってきました。既に入所者は全部別の施設に移っていて、園はひっそりとしていました。山の中の人里離れたところかなと思っていましたが、周りには民家が点在していました。

事件の詳細はご存じだと思います。一九人の知的障害の人たちが元施設職員だった青年に刺殺され、職員三人を含む二七人が重軽傷を負いました。事件を起こした植松青年は三年間、やまゆり園の「のぞみホーム」という居住棟に勤めていました。犯行時の侵入ルートを見ると、ほかのホームで次々と障害者を襲った後、なぜかその「のぞみホーム」には入っていません。そこに特別な意味があるのかどうか、裁判が始まれば明らかになるかも分かりませんが、関係者に尋ねたら、職員が警察に通報するそぶりを見せたので、これ以上の犯行は無理だと判断して途中で逃げたのではないかと言っていました。実際のところはこれから明らかになるだろうと思います。

では今、植松青年は何を語っているのかということを見ていきます。事件から一年が経った二〇一七年秋、『創』という月刊雑誌に、植松青年の手紙が掲載されました。そこにはこう書かれています。「私は意思疎通がとれない人間を安楽死させるべきだと考えております。私の考える意思疎通がとれるとは、正確に自己紹介、名前、年齢、住所を示すことです」。

世界人権宣言にも彼は触れています。その宣言が第二次大戦後の世界の人権状況に与えた影響はとても大きいですが、植松青年もそれを読んでいる。世界人権宣言第一条、「すべての人間は生まれながらにして自由であり、かつ尊厳と権利とについて平等である。人間は理性と良心とを授けられており、互いに同胞の精神をもって行動しなければならない」。これを植松青年は手紙の中に引用しています。「人間は理性と良心とを授けられている」という部分について、彼は「そのとおりだ」と言うわけです。「人間は理性と良心を授けられている。それが人間だ。理性や良心がないのは人間とはいえない。だからそういう人間には権利は保障されない」と手紙で述べています。

この一年という期間で、彼は自分を正当化するために自らの優生思想を一層強化しようとしているわけです。拘置所の中でいろんな資料を読み、生命倫理の文献を読んで、自分の思想を補強しようとしています。そして、彼の思想を補強するような文献や資料が世の中にあふれているのです。

手紙の中で、彼は「三つの人間の条件」というものを主張しています。一つは「自己認識ができる」、二つ目は「複合感情が理解できる」、三つ目が「他人と感情を共有することができる」。この三つが人間の条件だと言うわけです。そんな手紙を彼は新聞各紙、テレビ各社にしつこく送り続けています。ところがほとんどのメディアは、彼の宣伝機関になることを恐れたのだと思いますが、そうした彼の主張を報道していません。私はしっかりした彼への批判を含めて、そうした主張も報道すべきだったと思います。

では社会は事件をどう受け止めたのか、少し見ていきます。三つの問題があると思います。一つは被害者が匿名で報道されたこと、二つ目が精神保健福祉法の改正案が出てきたこと、三つ目が施設の再建計画が打ちだされたことです。

まず、被害者の匿名化というのは、女性差別、部落差別、在日朝鮮人差別などとはっきり違う障害者問題の特異性に関わっています。普通、障害を持つ子どもは健常者社会のただ中に、健常者の親の子として生まれます。遺伝性の障害があって、自分と同じ障害を持つ子どもが生まれる可能性を受け止めた上で生むという決断をする人もいます。でもそれは例外で、ほとんどの場合、障害を持っている子どもは障害を持っていない人たちの中に生まれる。これが障害者問題の特異性です。

例えば部落問題だと、親から子どもへの被差別体験の伝承は、今はかなり困難になっているとも言えますが、でも伝えようと思えば伝えることができます。ところが障害者の親はほとんどの場合、健常者です。つまり被差別体験を伝えることができない。これは大きな特性だと思っています。

そこでこれまでどういうことが起きているでしょう。例えば親による障害児殺しです。先ほど一九七〇年の横浜の事件を紹介しましたが、同じような事件は今でも続いています。障害児が育つ過程で、親が自分の子どもに対して差別する側として立ち現れざるをえない状況があります。親はそれまで、障害者と出会ったことも、障害者問題を考えたこともありません。そこに突然自分の子どもが、障害を持って生まれてくる。これは親にとっては受け入れがたい事態です。冒頭で経験の重要性について述べましたが、無経験であるがゆえの悲劇が今も続いていると言えます。

被害者の匿名問題も以上のような文脈で考える必要があります。親が希望して、家族が希望して、被害者の名前が匿名とされた。だけど殺された一九人の障害を持っている人の名前が匿名にされたのは、その殺された時点なのでしょうか。

障害児はこの社会のただ中に生まれる、普通の家庭の中に生まれる。その時点では匿名ではなくて、大切な固有の名前を与えられます。顕名で存在します。殺された一九人も、施設の中で生まれたわけではありません。もともと社会の中にいた人たちです。それなのに、本人の意思とは無関係に社会から排除していく仕組みができあがっています。

しかもそういう仕組みの一端を、さまざまな事情があることは分かりますが、親や家族が担いでいるわけです。そういう側面も見ていかないといけないだろうと思います。地域の学校にも入れてもらえず、周りから冷たい目で見られる、そんな日々を子どもとともに送らざるをえない家族は大変な思いをしています。でもその一方で、親は健常者社会の差別的なシステムを担っていることも見ていかないといけないと思います。

これが被害者の匿名化の問題です。生まれてきた障害児はもともと匿名ではなかった。社会の一員だった。そういう人たちをもう一度私たちの社会の中に取り戻す、もともとあったところに取り戻す、そのことが必要です。もちろん一朝一夕にできることではありません。一人ひとりいろんな事情があることは分かりますが、でも少なくとも社会に取り戻すという方向性を見失ってはいけないと思っています。

二つ目が精神保健福祉法の改正問題です。事件を起こしたのは特異な精神障害者だから、二度と同じことが起きないように監視を強化しようという動きです。その改正法案が国会に提出されようとしていて、大きな問題があると思いますが詳しく触れる時間がありません。

三つ目の施設再建計画について少し述べます。事件の後、神奈川県の黒岩祐治知事は、同規模の施設を同じ場所に作るという声明を出しました。園の家族会がそれを希望しているからということです。こういうところでも、親と障害者本人との緊張関係を知事は理解していないと思います。

いくつかの障害者団体が「時代に逆行するようなことはやめろ」とこの方針に反発しました。黒岩知事は記者会見で「心外だ」と怒りを露わにします。でも、それから障害者たちと話し合いを重ねた結果、「同規模の施設を作るのはやめよう。できるだけ小規模で分散化した施設を作ろう」というふうに知事の考え方が変わります。報道によれば、その方向で話し合いが進められているようですから、できるだけ早くそれを具体化してほしいと思います。

●生きるに値する命、値しない命――優生思想の過去と現在

多くの人が指摘するように、相模原事件の背景には優生思想があります。最後にその問題を考えてみたいと思います。優生学の歴史を振り返ると、チャールズ・ダーウィンが『種の起源』を世に出した一八五九年までさかのぼります。

ダーウィンは「進化論の祖」と言われています。ただ、ダーウィンは自分で「秘密のノート」と呼んでいたノートを残していて、それを見ると、木の根っこが地中で枝分かれして拡がっていくような、平面的なイメージで「進化」を考えていた。それがどの時点からか、ヘッケルの進化樹で知られるような、人間を頂点とする巨大な樹木の図に変わっていく。「進化」という言葉は「性能、資質が向上していく」というイメージがあるが、最初にダーウィンが想定したものはそうではない。ですからタイトルは『種の起源』になっています。ダーウィンは、どうして世の中にはこんなに多様な生き物がいるのかということに驚くわけです。その謎を彼は解き明かそうとした。

そのダーウィンの従兄弟にあたるフランシス・ゴルトンが「優生学」を提唱したのが、一八六五年です。優生学とは、簡単に言えば、人間は福祉制度を作ったりして、生物本来の自然淘汰が機能しない、弱い者でも生き残れる社会を作ってしまった。それを生物本来のあり方に戻そうというのが

優生学です。人工的に不良な子孫をなくし、優良な子孫を増やす必要がある。ゴルトンはそういう考え方を提唱したわけです。

優生学と言うと、すぐにナチスドイツの断種法や「T4作戦」の名で知られる障害者安楽死計画の話が出てきます。でも実際はそうではなくて、ナチス以前に欧米諸国で断種法が次々に成立していったという歴史があります。アメリカやヨーロッパで続々と法律が制定された後、ナチスも断種法を制定したわけです。

そうした歴史的な流れの中で、ナチスの「T4作戦」が実行されます。これはユダヤ人のホロコーストに先立って、一九三九年にポーランドに侵攻したと同時に始まる、精神障害者や知的障害者をターゲットにした大量殺戮です。ナチス政権下で七万人がガス室などで殺されたと言われています。ナチスは秘密裏にその作戦を遂行しようとしたんですが、次第に国民に知れ渡るようになって、表向きは中止に追い込まれます。

でも障害者抹殺は止まりませんでした。精神科の医者たちが中心になって、言わば自主的に精神障害者の抹殺を続けたわけです。最終的に一五万人から二〇万人の障害者がガス室で殺されたと言われています。

『灰色のバスがやってきた』(フランツ・ルツィウス、草思社)という本をお読みになった方もあると思いますが、大型のバスが精神病院を回って、該当する障害者をバスに乗せてガス室のある病院に連れていく。病院の周辺の住民は、そこで行われていることに気がついていました。何台ものバスがいつも満杯の人を乗せて病院に入っていくのに、出ていく時は空っぽです。そして病院の煙突からは常時イヤな臭いのする煙が立ちのぼっている。気がつかない方がおかしいわけです。これが悪名高い「T４作戦」です。

では日本ではどうだったでしょう。「悪質な遺伝性疾患の素質を有する者の増加を防ぎ、健全な素質を有する者の増加を図る」ことを目的とした国民優生法が施行されたのが戦前の一九四〇年です。そして戦後の一九四八年に優生保護法ができました。この法律も第一条で、「優生上の見地から不良な子孫の出生を防止するとともに、母性の生命健康を保護すること」を目的として謳っています。

一九七二年に優生保護法を改定しようという動きが出ます。人工妊娠中絶の要件から経済的理由を削除する。もう一つは障害のある胎児の中絶を認める「胎児条項」を導入しようとしました。経済的理由の削除に対しては女性団体から、そして「胎児条項」の導入に対しては青い芝の会をはじめとする障害者団体から大きな抗議の声が上がります。反対の運動が拡がったために、結局改定案は廃案になりました。そして「優生上の見地から不良な子孫の出生を防止する」という文言を削った母体保護法が施行されたのが一九九六年。つまりつい二〇数年前まで、優生思想は国のお墨付きで大手を振って歩いていたわけです。

次に、生命倫理学で「パーソン論」として知られる考え方を紹介したいと思います。昨今、生命倫理は大きな社会的関心を集めています。その理由は、一つには医療技術の進歩にあります。遺伝子操作の技術が格段に進んで、かなり正確に遺伝子の特定の部分の付け替えができるようになりました。また出生前診断の技術も飛躍的に向上しました。

二〇一三年に日本でも臨床試験として始まった新型出生前診断は、それまでの検査より母体への侵襲性が小さく、また精度も高まりました。その検査に高齢の妊婦が殺到して、胎児にダウン症などの障害があると分かったケースの九五％以上が中絶を選択しているという報道をご覧になった方も多いと思います。そして生まれる前の段階だけでなく、高齢化社会が進行するに従って、人生の最終段階でも尊厳死や安楽死の問題が盛んに論議されるようになりました。

そのように医療技術が進歩し高齢化社会が進行するにつれて、私たちは「生命とは何か、人間とは何か」を考えざるを得なくなってきました。生命倫理の問題を避けて通れなくなってきたわけです。その中で私がとても問題だと思っているのがパーソン論です。一九七二年にマイケル・トゥーリーという倫理学者が『中絶と新生児殺し』（邦訳「嬰児は人格を持つか」、『バイオエシックスの基礎』（東海大学出版会）所収）という本を出しました。「諸経験と様々な心的状態を持ち続ける主体という意味での自己の概念を持ち、自分自身がそのような持続的存在者だと信じる者」は生存する厳粛な権利があるが、それ以外の者、胎児や新生児は殺しても正当化されるという考え方です。

もう一人、ピーター・シンガーという倫理学者が一九九三年に出した『実践の倫理・第二版』（昭和堂）という本もよく知られています。彼は「存在者」を三つに分けます。感覚をもたない存在者と感覚をもつ存在者、そして感覚に加えて自己意識と理性をもつ存在者の三つです。そして感覚をもたない存在者は殺害しても問題はない、感覚のみを持つ存在者は、全体の利益が減らない場合は苦痛を最小限に抑えるなら殺害しても問題がないと言います。これは功利主義に基づいた考え方ですね。そして三つ目の、感覚に加えて自己意識と理性をもつ存在者を「パーソン」と呼びます。この「パーソン」は他のものと代替できないかけがえのない存在だから殺害してはならないと主張します。

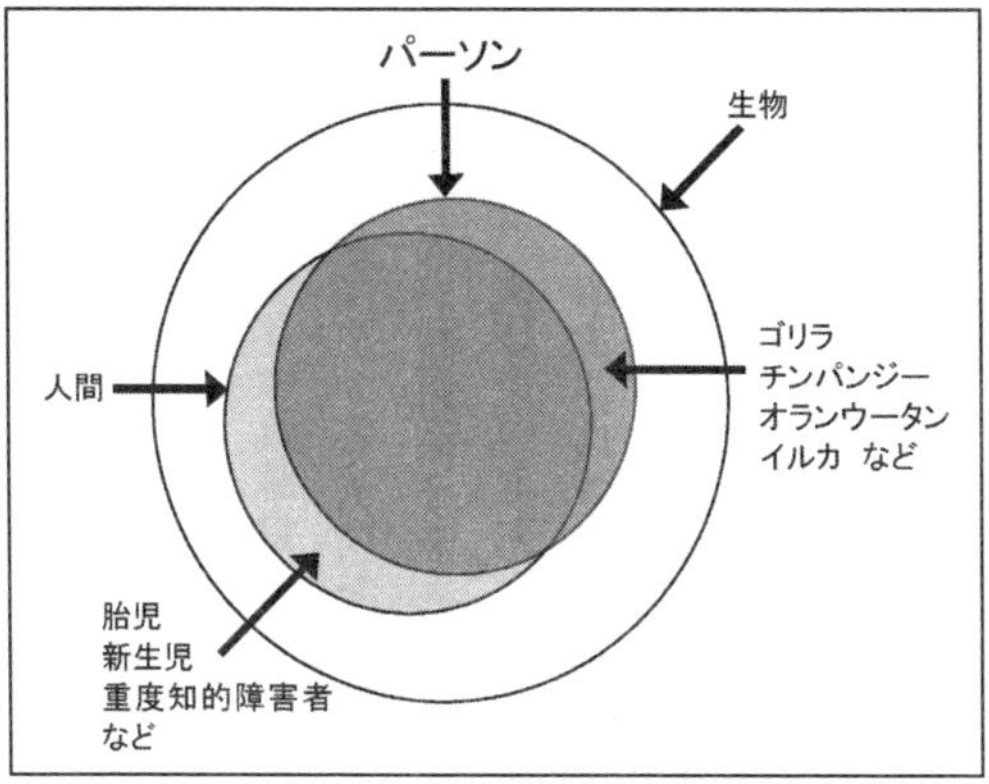

資料9

私はこのトゥーリーやシンガーの考え方が、胎児や新生児、重度知的障害者などの殺害の正当化につながることを恐れています。先ほど紹介したように、相模原事件を起こした植松青年は「人間であるための三つの条件」というものを主張しています。彼はパーソン論をそのまま引用しているわけではありませんが、パーソン論とかなりの部分で重なっています。このような考え方がじわじわと拡がっていて、ネットでも彼を支持するような発言が飛び交う。

生物全体を一つの集合として円で示すと、その中に「人間」と「パーソン」の二つの円が入ります。この二つの円はぴったり重ならずに少しずれています。このずれの部分が問題です。（資料9）

一つのずれは「パーソンであって人間でないもの」。ここにゴリラやチンパンジー、オランウータンなどが入ります。シンガーは「動物解放論」でも有名で、「ゴリラ、チンパンジー、オランウータンはパーソンだから殺してはいけない」と主張しています。その中にイルカも入ります。最初のところで紹介した、『ザ・コーヴ』という映画では、反捕鯨の活動を続ける人たちは「イルカは言葉を持ち家族を持ち文化を持っている。だから殺してはいけない」と主張しています。そこにも私はパーソン論を見るわけです。

そしてもう一つのずれが「人間であってパーソンでない」部分です。胎児や新生児、重度知的障害児などがここに入る。まさに植松青年の思想と重なります。

パーソン論は近代の理性中心主義、脳中心主義の一つの到達点ではないかと思います。脳死下臓器移植の問題も、私はこうした流れの中でとらえています。脳が不可逆的に機能を停止したらもはや生きているとは言えない、生きる権利はないという考え方ですね。安楽死や尊厳死の問題も同様です。

今、ベルギーやオランダなどのいわゆる安楽死の先進国でどういうことが起きているか。最初は、死期が迫っている、耐え難い苦痛がある、他に苦痛を除く手段がないなど安楽死を認める条件はかなり厳しかったんですが、その敷居がだんだん低くなっています。例えばベルギーでは年齢制限がなくなり、意志がはっきりしていて親の同意があれば、子どもでも安楽死が認められるようになりましたし、肉体的な苦痛だけでなく精神的な苦痛でも認められるようになりました。

「Slippery slope（滑りやすい坂）」論というのがあります。最初はそれほど危険とは思えなかったものが次第に勢力を増して、ついに取り返しがつかなくなるという時に使います。それが今、安楽死について起こっているのではと危惧しています。日本ではまだ同様の法律は存在しませんが、尊厳死、安楽死を合法化しようという動きは次第に大きくなっています。

●さいごに――障害者たちからもらったもの

最後に一言、私が障害者たちから受け取ったものについて話をさせていただきます。今、日本だけでなく世界中で格差と不寛容が拡がっています。善と悪、正義とテロリズムといった自分に都合のいい二分法で他者を断罪したり、自分の境遇に不満を抱く人たちが、さらに厳しい状況にある人たちに対してヘイトスピーチやヘイトクライムを繰り返すということがくり返されています。社会が不寛容になり、異質なものを排除する方向が強まっています。一人ひとりのしんどさはその人自身に責任があるという「自己責任論」や、その人自身に心理的な問題があるという「心理還元主義」が強まっています。

ではそんな状況が進行している時、障害者運動は何か意味のあるメッセージを発することができるんでしょうか。私は、障害者からのメッセージは、「多様性の主張」と「社会性の主張」の二つに集約されると思っています。障害者たちは七〇年代の青い芝の会の運動以後ずっと、「排除」から「包摂」へと訴え続けてきました。社会的な流れは「包摂」から「排除」に向かっているわけですから、障害者運動はまさにその逆を主張してきたわけです。

多様性の主張というのは、私たちが持っている狭い人間観、自分の限られた経験に縛られた狭い人間観を変えようという主張です。それを主張し続けないと重度の障害者はこの社会で生きていけない。比喩や誇張ではなく実際に生きていけないのです。実の親に首を締められたり、施設の元職員に刺し殺される。そういう切実な場所からの訴えです。だから「違いを認め合おう」と長い時間をかけて彼らは訴え続け、闘い続けてきたんです。

もう一つの社会性の主張というのは、ある人の困難の原因をその人自身に求めるのではなく、その困難を社会的な問題としてとらえようという主張です。障害者運動の歴史は、個人モデルや医療モデル、つまり障害をなくしたり軽減することが障害者問題だととらえる視点から、社会的な差別の問題としてとらえる社会モデルの視点への転換の歴史です。

非正規雇用や長時間労働で不安定できつい生活を強いられ、将来への希望が見いだせない若者たちが大勢います。今、ここで私の話を聞いているみなさんの中にもそういう状況に追い込まれる人が出てくるかも知れません。でもきみたちがしんどいのは自分のせいじゃない、社会の問題なんだということを、障害者運動は社会モデルという大切な視点として示してくれているのではないかと思っています。みなさん、それぞれで考えてほしいと思います。まだまだ話したいことはありますが時間がなくなりました。これで終わります。ありがとうございました。

(第31回花園大学人権週間・二〇一七年十二月七日)

健康で文化的な最低限度の生活はどこへ？

——生活保護基準引き下げの意味

吉永　純

●はじめに——生活保護は市民生活の「岩盤」

今日はご参加いただきましてありがとうございます。本日は、二〇一八年一〇月から生活保護基準が引き下げられる見込みなのですが、その意味を考えていきたいと思います。

生活保護とは、貧しくて困っている人に対する最後のセーフティネットであり、日本国憲法で定められた生存権を守るための制度です。本日は、貧困がどれほどの規模で、どんな具合になっているか。どういう人に影響を及ぼしているか。それに対して、保護費がどんな仕組みで支給されているか。それを確認した上で、今回の引き下げの意味を考えていきます。

結論をいいますと、生活保護の基準は生活保護を利用している方だけの問題ではなく、私たちの生活に密接に関係してくるものです。生活保護というと、最近イメージがよくなくて、生活保護を研究している者としては非常に不満があるところなんですけれども、生活保護を利用している人が「怠けてラクして人の税金でメシを食ってる」とか、「怠けている人間だから生活保護基準を多少、下げてもええやろう」とか、残念なことですけど、そういう風潮が広がってきているように思います。しかし、生活保護基準は生活保護を利用している方だけの問題ではなく、私たちの生活に非常に密接に絡んでおりまして、もし基準が下げられたとすると、我々にとっても困ったことになる。そのあたりをご理解いただければというのが今日のお話の狙いです。

私は、生活保護基準は私たちの「生活の岩盤」だと思っています。そこをご理解いただけたら今日の目的は達せられるかなと思います。

●貧困大国・日本——六・四人に一人が貧困

日本ではどのくらいの人が貧困か。二〇一七年六月末の発表によると、国民の一五・六%が貧困というのが政府の公式発表です【図表1】。つまり、国民の六・四人に一人が貧困です。この会場でも二、三人の方が貧困ということを意味します。人口で実に一九〇〇万人を超えます。グラフの数字の一

【図表1】日本の貧困状況——貧困率の推移

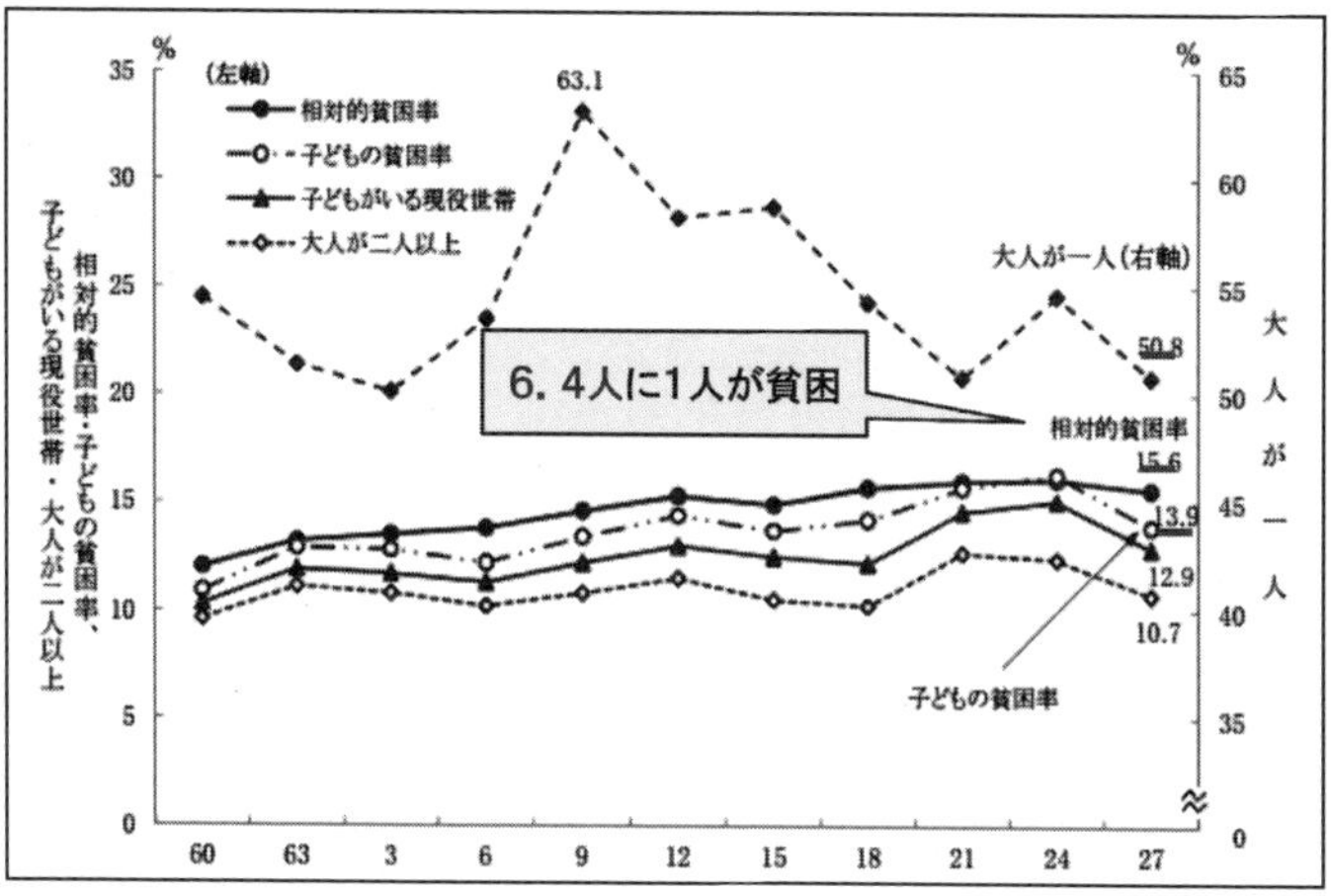

出所：厚生労働省「平成28年国民生活基礎調査の結果」（2017年6月27日）

三・九%、これは子どもの貧困率です。一七歳以下を子どもと分類しますが、その中で貧困な子どもたちはどれぐらいいるか。七人に一人くらいですね。

もう一つ別に、五〇・八%という突出した数字があります。これはひとり親の貧困率です。日本でひとり親って非常に貧困率が高く、五〇%を超えています。念のためにいっておきますと日本のひとり親は世界で一番働いているんですね。八割が働いています。しかし貧困率は世界で一番高い。なぜかというとパートなど賃金が低い仕事にしか就けない。しかし、社会保障から出る手当の額が低いのです。したがって、働いても貧困から抜け出せない。

次に、どうやって貧困率を計算するかを説明したいと思います【図表2】。日本で全く収入のない人から、大富豪まで収入の低い順に並べていきます。この場合の収入は可処分所得です。すなわち税金や社会保険料を差し引き、生活に使える所得です。日

【図表2】等価可処分所得金額別にみた世帯員数の累積度数分布

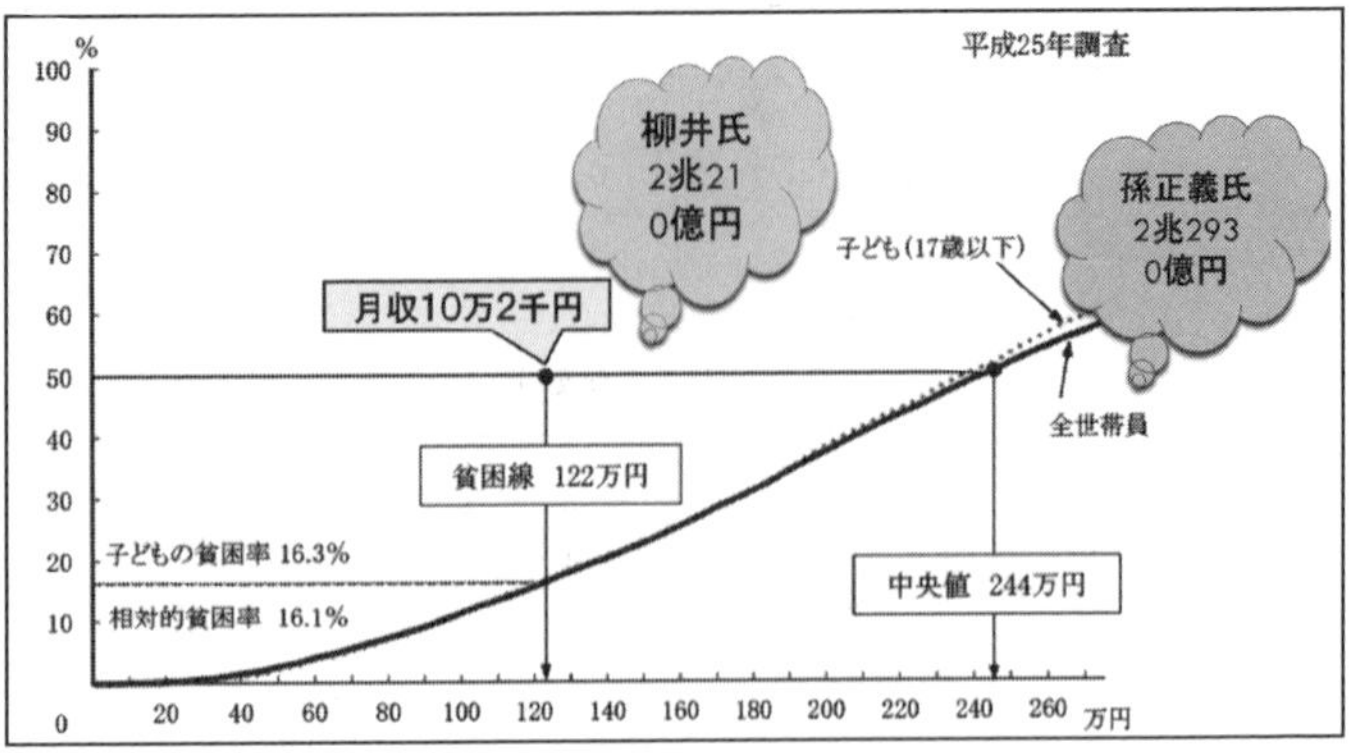

注　:等価可処分所得は、名目値である。
出所:厚生労働省「平成25年国民生活基礎調査の結果」(2014年7月15日)

本の人口は今、一億二〇〇〇万人余りですから六〇〇〇万番目あたりの人の収入を確定する。これを中央値といいます。この中央値を日本の標準的所得と決めるわけです。現在一人暮らしで年収二四四万円、月額二〇万四〇〇〇円くらいですね。

いつもこのグラフを説明する時引き合いに出すのですが、日本で一番大金持ちは孫正義さんですね。ソフトバンクの社長です。この人の資産は二兆二九三〇億円ぐらい。二番目が柳井さん。ユニクロの会長ですね。この人が二兆二一〇億円。「フォーブス」という世界富豪ランキングを発表する雑誌には必ずこの二人が日本で一番、二番で載るんですけど、この二人を併せると四兆円を超えるんですね。日本が生活保護費で使っているお金は三兆八〇〇〇億円ぐらい。この二人の財産分ぐらいがちょうど生活保護費に相当しています。生活保護費は今、二一四万人の生活を支えている。いかに貧富の差があるかという象徴的な話です。

真ん中の人が年収二四四万円、月収二〇万四〇〇〇円。

その人たちはもちろん貧困ではありません。その人の二分の一未満、月収一〇万二〇〇〇円を貧困線とし、それ未満の人の人口比を貧困率とします。すると六・四人に一人となります。一人暮らしで一〇万二〇〇〇円の生活をちょっと想像してほしいんですね。家賃込みです。家賃五、六万払ったら残り五万しか残らないですね。これ未満の金額で、一カ月生活しようという水準の人が一九〇〇万人、日本にいるということです。

ただし、四人暮らしでも四倍になりません。二倍の二〇万四〇〇〇円です。なぜかというと、一人暮らしでも四人暮らしでも冷蔵庫は一台しか要りませんから、家族数が増えれば一人当たりの単価は減っていきます。それにしても、二〇万円で四人で生活しろというのは、家賃込ですし、大変に厳しい。そういう人たちが一九〇〇万人いる。これは日本政府の公式発表です。貧困問題は、こうした貧困層をどうやってなくしていくかという話になってきます。今日は「保護基準」という話に焦点を当ててお話しします。

●貧困線は下がる一方、貧困率は上昇する日本

現在は、年収一二二万円、月収一〇万二〇〇〇円を貧困線と呼びます。バブルの時は一四九万円と一番高かったわけですけども、それ以降日本人の標準所得はずっと下がっています【図表3】。貧困線の倍が標準的収入である中央値ですね。一四九万の時は二九八万円、今や一二二万円の倍の二

【図表3】貧困線が下がり、貧困率は上昇

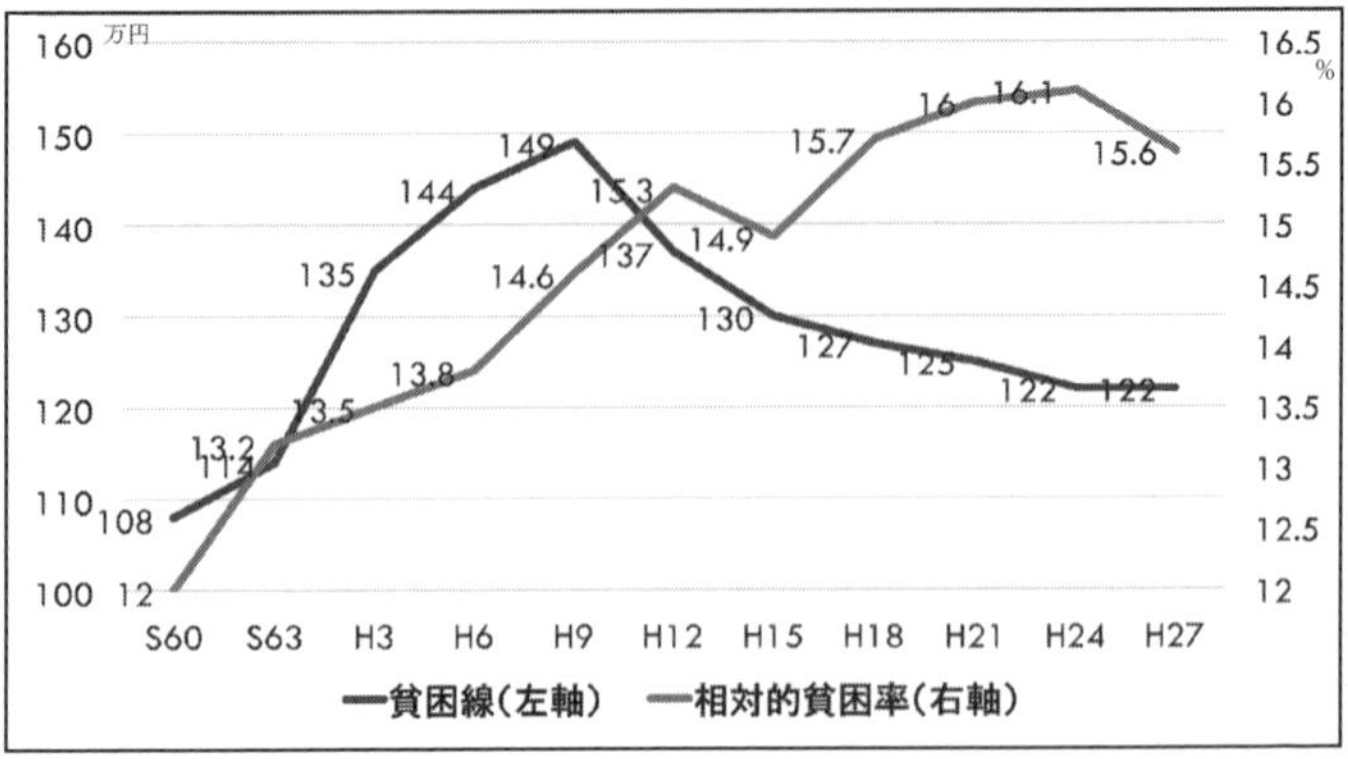

出所：図表1厚労省資料より筆者作成

四四万円ですからバブルの時と比べたら五〇万円ほど年収が下がっている。全体として日本人の所得収入はずっと地盤沈下してきた。今、景気がいいといっていますけど、それは大企業だけです。

一方、右肩上がりでちょっと下がっているのが貧困率です。先ほどの一九〇〇万人の人が貧困といいましたが、その割合を示す貧困率がジワジワと上ってきています。若干、今回、下がったんですけど、全体として日本人の生活は地盤沈下が続いている。地盤沈下したその下の方に、多くの人が落ち込んできているということです。極端にいえば二極分化です。大金持ちなどは儲けているのですが、我々庶民、普通の生活の人たちはジワジワ収入が下がってきています。これがこのグラフでいいたいところです。

●最近の生活保護——ここ三年で四万人の減少

現在、生活保護の利用人員は二一二万人となっています。

保護率（保護利用者の人口比）は現在一・六八％です。三年ほど前までは、所得が下がって貧困が広がるので生活保護受給者は増え続けていたんですが、ここ三年ほどちょっと減っています。減っている理由はいくつかあると思います。私は二〇一三年から保護基準を下げたことが影響しているんじゃないかなと見ているんですけども、まだはっきりわかりません。政府は「雇用状況がよくなってきたからや」といっていますけど、必ずしも、そうはいえないと思っています。

●どういう人が貧困になりやすいのか

どういう人たちが貧困になりやすいのか。働いても貧困から抜け出せない労働者、つまりワーキングプアと呼ばれる人たちが、労働者のうち四割を占めている。今、景気がいいといわれているし、有効求人倍率は一・五ぐらいになっている。仕事はあるといえるのですが、仕事のうち非正規が四割になっているんですね。要するに半失業状態の人が四割もいる。賃金は低いし、いつ仕事が途絶えるかわからない。派遣や任期付とか、そういう人たちがジワジワ増えてきているわけですね。

それから、ひとり親ですね。また、障害とか病気になれば貧困になりやすい。それから「下流老人」といわれる高齢者もそうです。高齢者は年金の問題が大きいですね。今、「マクロ経済スライド」という年金の仕組みが導入されまして、年金額が全然、上がらないんですね。ここが厳しい状況を生んでいる。先ほどの「半失業」と同じ内容となりますが、若者の貧困もいま問題となっています。

こんなことが原因で貧困が拡大せざるを得なくなっており、六、七人に一人が貧困ということになっています。

●貧困がもたらすもの――孤立

ホームレスも数は減っていますけど、今、問題になっているのは、いわゆる「孤立」。貧困が高じてくると、人はだんだんひとりぼっちになっていきます。「経済的貧困」は「関係性の貧困」になっていく。あるいは子どもの貧困問題で、「貧困の連鎖」が起こる。貧困の子どもたちがそのまま大人になっていけば、それがまた続くことになる。政府も手立てを打ってはいるけども、問題の深刻さに比べたらまだまだといわざるを得ないと思っています。

●若者をむしばむ貧困

私が遭遇した「若者の貧困」という話を次にします。

A君、私のゼミ生ですけど、もう卒業しましたが、生活保護利用世帯の学生でした。生活保護は非常に厳しい制度でありまして、子どもが大学に行ったら生活保護は子どもの分は切られるんですね。生活費が出ません。「高校を出たら働けるはずや。働け」というのが国の考え方です。ところが今、高校を出て働く若者は二〇%を切っている。就職口そのものがないわけです。ですからみんな大学に行くわけですね。行くのはええけれども、生活費が切られる。学費も出ませんので、どうするかというとアルバイトと奨学金ですね。A君は奨学金を卒業までに四五三万円借りています。

大学入学直後、非常に生活が苦しくて、ひとり親でしたので、お母さんにA君が稼いでいるアルバイト料を「ちょっと回してくれへんか?」と頼まれたりとか、お母さんだけご飯を抜いているとか、そんなことがあったと彼がいってました。

彼は卒業して正規職員で働いています。一回卒業してから飲む機会がありまして、「彼女できたんか?」って聞きましたら「いる」という。私は「よかったな。結婚しな、あかんやん」と気軽にいったんですけど、彼は「結婚がちょっと大変なんです。結婚資金が貯まらへんのです」というのです。奨学金を毎月一万数千円返していて給料もそんなに高くないので、自分の重要なライフイベント、つまり結婚とか出産に奨学金の返済が足かせになっています。彼は真剣に「結婚、どうしようか」と悩んでいましたね。

B君もゼミ生で、とても優秀な学生で公務員試験に受かったんですね。お祝いしようかと飲みにいって「よかったな」といったら、彼は「いや、これからが大変です。奨学金七〇〇万円返さないとあきまへんのや」といっていましたね。

日本学生支援機構の奨学金で、平均三〇〇万円を学生は借りています。学生の半分ぐらいは日本学生支援機構か他の奨学金を借りて大学にきていますね。花園大学でもそのぐらいの割合ですね。

今の学生たちは奨学金三〇〇万円を背負って社会に出ざるを得ない。これが普通なんです。だから「結婚相手が奨学金の返済があるかないかチェックしよう」とか、変な話もあるぐらいなんですね。

●生活保護費、基準はどうやって決まるか？

今日のテーマは「生活扶助費が下がるのはどんな意味があるか」ということですけども、その前に生活扶助費の決め方を確認します。国は、生活扶助費（生活に使う費用）の基準額を、年齢、家族数、住むところによって決めています。それに対して収入がいくらあるかを比較し、収入を差し引いて扶助費として支給するというのが生活保護費の考え方です。そんなに難しい話じゃありません。この最低生活費が今回、下がるということです。

ちなみに中京区で一八歳とか二〇歳ぐらいの生活扶助費は、大体月額八万円余りぐらいです。家賃として四万円程でますから、計一二万円ぐらいなんですね。一二万円に対して働いて六万円稼いでいたとなれば六万円を引かれて残り六万円が出る。足らざる分が出る。不足分が出るという考え方です【図表4】。このように、最低生活費

【図表4】生活扶助費の仕組・決め方

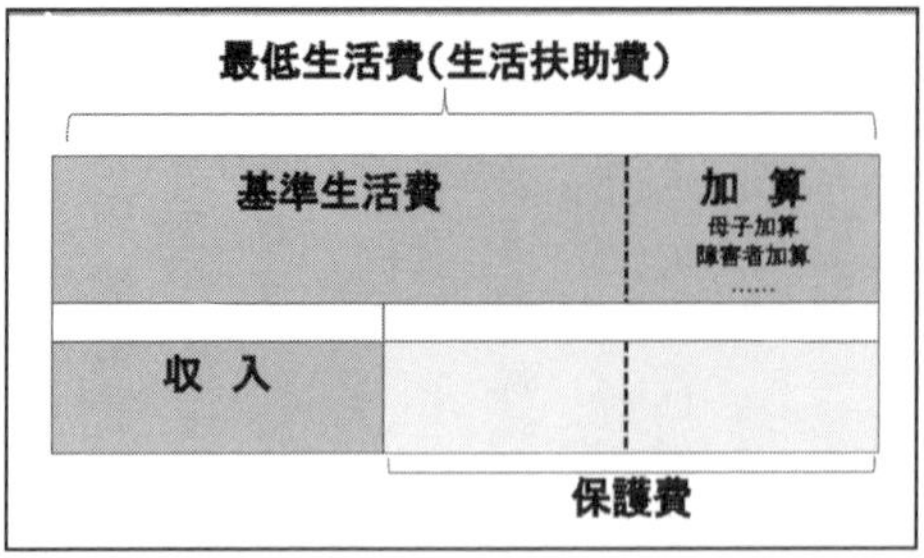

出所：筆者作成

は、収入がいくらまで減ったら生活保護になるのかの基準額ということです。それが最後のセーフティネットとしての役割になります。

【図表5】生活保護基準は生活の「岩盤」

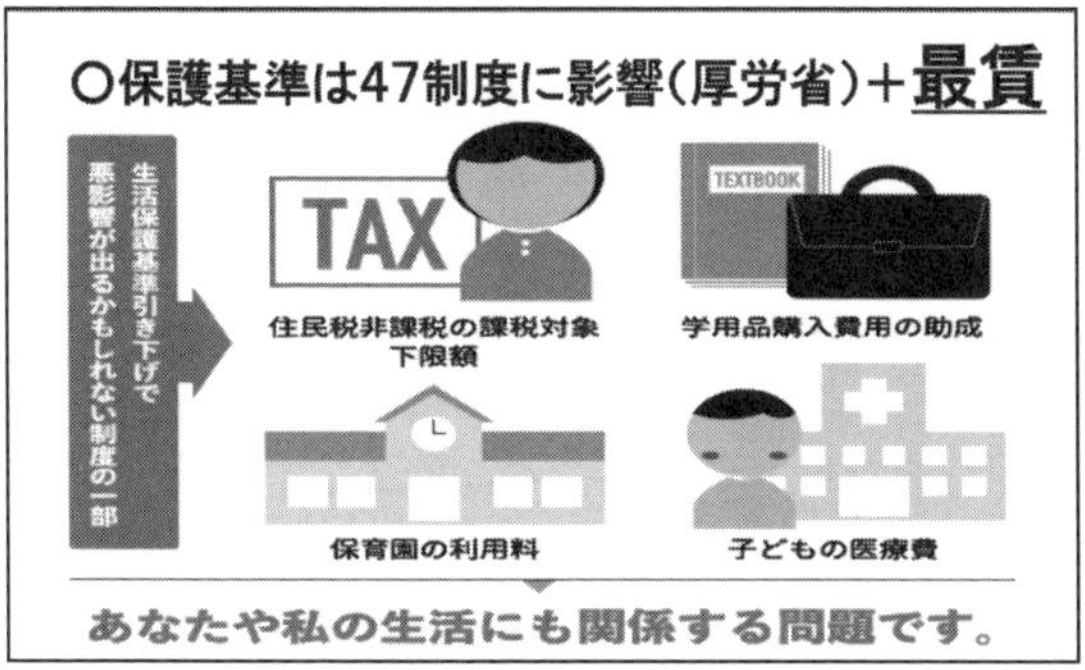

出所：(N)「もやい」『みんなで貧しくなりたいですか？ 生活保護引き下げQ&Aパンフレット』

●生活保護基準は様々な社会保障給付の目安

もう一つは、生活保護基準額が、いろんな社会保障給付の目安になっていることです【図表5】。就学援助（義務教育費用の捻出が困難なご家庭に支給される援助）や、あるいは最低賃金などです。最低賃金は生活保護費を上回らなければならない。最低賃金法の二〇〇七年の改正でそうなりました。生活保護は働いていない人にも支給されるものです。働いている賃金はその上じゃないとバランスが崩れますから、そのように法律上も決まっています。

あるいは、住民税が課税される水準もそうです。家族四人で二五〇万円ぐらいです。この非課税限度額は生活扶助費と連動しています。生活保護費が下がれば課税最低額も下がりますので、税金を払わなければならない人が増える。住民税が非課税の人は日本で二四〇〇万人です。生活保護費の基準が下がると二四〇〇万人のうち何万人かが税金を払わなければならなくなる。

さらに住民税額や非課税基準は保育料にも影響する。住民税が月額三〇〇〇円までやったら保育料はいくらとか、二万円やったら保育料がいくらとか。住民税が高くなるほど保育料は高くなる。保育料は〇から月七、八万までものすごい差があるんですけども、それは支払い能力で決める。それは前年度の住民税額で決まるんですね。

あと医療費が高くなって、ある限度額を超えたら後から還付される制度がある。高額医療費制度です。これも住民税を払っているか、払っていないかで限度額が変わってきます。結局、「私たちの生活の岩盤」という意味は、生活保護費が上がればプラスに作用しますけども、下がると、いろんなものの支払いが増えてくる。そういう関係になっています。保護を利用されている方の生活が「保護費が下がったら大変ね」という意味だけではないわけです。生活保護費は、私たちの生活に大きな影響を及ぼす基準でもあるということです。

●二〇一八年一〇月からの生活保護費引下げの内容

その生活扶助額が、二〇一八年一〇月から引き下げられます。平均一・八%、最大五%下がる見込みです。総額一八〇億円。これ実はオスプレイというジェット戦闘機一機分のお金です。これが下がることによって影響される保護利用者は六七%、三人に二人が影響を受ける。今、二一〇万人余りが保護を利用していますから一四〇万人ぐらいが減額される。一四〇万人の生活費がダウンするのが、あのオスプレイ一機分と考えると、なんかものすごく矛盾を感じるんですけどね。人それぞれ感じ方は違うと思いますけど、そんな値段です。

今年、国として子どもの貧困対策を強調しているのに、子どもに関する費用が下がることになりました。生活保護は基本的な生活費と子どもがいることによって、保護費を増やしている部分があります。児童養育加算(児童の教養文化費、健全育成のための特別需要に対応する費用)は、今まで中学生まで一人当り一万円の支給だったのが高校生まで延びたのはよかったんですが、三歳未満が一万五〇〇〇円だったのが一万円に減らされています。

問題は母子加算でひとり親家庭のハンディキャップに対して今まで二万一〇〇〇円余りをプラスされていたのが、一万七〇〇〇円に減額される。いろんな理由をつけて減額しているんですけど、ひとり親にとっては本当に深刻ですね。

三番目に「大学進学者への一時金」が、今度創設される予定です。これはプラスではあるんですが、「大学進学したら保護を切るぞ」という基本的な扱いはそのままです。生活保護家庭で大学に入る人がいたら、その準備金として、家から通う人は一〇万円、下宿生は三〇万円出しましょうと。世帯にはいるが、いなくなる扱いをするので住宅費が減っていたんですけど、減らすのを止めようと。このように、「大学に行ったら保護から外す」という基本的扱いは変えずに、一部、手直しをするこ

【図表6】2018～2020年までの増減額と率（1級地の1、万円、下線は減額限度の5%）

高齢者世帯以外	①生活扶助基準本体（1類＋2類）			①＋児童養育加算＋母子加算			高齢者世帯	①生活扶助基準本体（1類＋2類）		
	現行	検証結果	増減率(%)	現行	新基準	増減率%		現行	検証結果	増減率%
夫婦子1人（子4歳）	14.8	14.5	▲2.4	15.8	15.5	▲2.3	高齢単身（65歳）	8.0	7.6	▲5.0
夫婦子2人（小中各1）	18.5	17.8	▲5.0	20.5	19.6	▲4.5	高齢単身（70歳）	7.5	7.3	▲1.9
母子・子1人（小学生）	11.5	12.0	4.9	14.7	14.9	0.9	高齢単身（75歳）	7.5	7.1	▲5.0
母子・子2人（小中各1）	15.5	14.7	▲5.0	20.0	19.2	▲4.1	高齢夫婦（65歳夫婦）	11.9	11.8	▲0.8
母子・子2人（中高各1）	16.3	15.5	▲5.0	19.7	19.9	0.7	高齢夫婦（75歳夫婦）	11.0	11.1	0.7
若年単身	8.0	7.6	▲5.0							
若年夫婦	12.0	12.2	▲1.6							

出所：2017年12月22日社会・援護局「生活保護基準の見直しについて」より筆者作成

とが予定されています。

一〇月からの引下げによって、どれぐらい減るのかということですけども、たとえば夫婦子ども二人で三年がかりで五%減らすということで一八万五〇〇〇円から一七万八〇〇〇円に七〇〇〇円減らす。母子、子ども二人の三人家族で小学生、中学生一人ずつの場合、三回に分けて五%減らして八〇〇〇円減らす。加算がつきますので、そこまで減りませんけども、母と子二人で四・一%、八〇〇〇円ほどは減額される。

高齢者単身でどれぐらい減額されるか。高齢単身六五歳、現在、生活費が一カ月八万円ぐらいですね。これを四〇〇〇円減らして七万六〇〇〇円で一カ月生活しろと。家賃は別です。七五歳の方の場合、すでに七万五〇〇〇円に減っていますので四〇〇〇円減らして七万一〇〇〇円まで減らすということで、真綿で首を絞めるという言葉が当てはまる状

【図表7】2013年引下げから2018年からの引下げ後までの推移

	①2013/4/1	②2015/4/1	③2020/10/1	①−②	②−③	①−③額	①−③%
30代夫婦 子3-5歳	164,830	148,380	144,760	▲16450	▲3620	▲20070	▲12.1%
40代夫婦 小、中学生	205,860	185,270	176,010	▲20590	▲9260	▲29850	▲14.5%
母子2人（30代 母、小学生）	125,960	114,630	120,280	▲11330	5,650	▲5680	7'8)9
母子3人（40代 母、小、中学生）	172,430	155,250	147,490	▲17180	▲7760	▲24940	▲14.5%
単身50代	88,980	80,160	76,160	▲8820	▲4000	▲12820	▲14.4%
単身65歳	81,840	79,790	75,800	▲2050	▲3990	▲6040	768'9
単身70歳	77,970	74,630	73,190	▲3340	▲1440	▲4780	▲6.1%
単身75歳	77,970	74,630	70,900	▲3340	▲3730	▲7070	▲9.1%

（注1）2013年からの引下げ額を比較するため、引下げ前の扶助額①）には、2014年改訂における消費増税対応分の2.9%扶助費増分を上乗せしている。金額は、2018年生活保護関係全国係長会議資料参照

（注2）2018−2020年の改定額は概算

況です。【図表6】

●二〇一三年からの引下げに続く引下げ

二〇一八年一〇月から二〇一九年一〇月、二〇二〇年一〇月と三回に分けて最大五％減らすんですけども、今回問題なのは二〇一三年から三回に分けて最大一〇％減らしたところに続く引下げであるということなんですね。二〇一五年からは住宅費も減らしています。二〇一五年一一月から冬季加算（冬季の燃料代）で京都では毎月三〇〇〇円ほどプラスしていたんですけども、これも減らしています。

どんどん減額が続いていまして、引下げ前の二〇一三年四月と比べてどうかという表を見てもらいます【図表7】。二〇二〇年一〇月からどうなるかを試算してみたのが、この表です。相当なダメージですね。四〇代夫婦子ども二人世帯ですと二〇一三年四月は二〇万五八六〇円

だったのが、二年後には一七万六〇一〇円。二万四〇〇〇円ぐらい減るわけですね。%でいうと一二%ぐらい減ります。世の中の物価がこれほど下がっているかというと下がっていません。逆に輸入品とかの物価は円安ですから上っているんですね。

●住宅扶助の引下げ

今回はひとり親世帯がターゲットになっていまして、二〇一三年の引き下げでも六%から七%保護費が減額されたのに、それに加えて今回の減額ということです。本当につらいなと思います。また、一つは住宅費が減っているといいましたが、それをみると減額後、つまり「見直し後」、世帯人数によって住宅費が違います。大阪府は単身一人暮らしだったら三万九〇〇〇円が限度ですね。三万九〇〇〇円以内でしたら全額、家賃を補塡されるんですけども、五万円のところにお住まいやったら超える分の一万一〇〇〇円を生活費から回してこないといけない。京都も同じですけども、二人から六人までは二〇一五年までは五万五〇〇〇円だったのが、二〇一五年の見直し後、二人世帯で四万七〇〇〇円まで減った。八〇〇〇円減ったんです。

二人世帯って母子世帯の人が多いんですね。三人世帯もそうです。私も生活保護のケースワーカーをやっていたのでわかりますけど、どんな住まいかといいますと、大体六畳、四畳半一間ずつ、台所、キッチンの二Kです。それくらいのアパートに子ども二人とお母さんが住んでいる。お子さんが小さいうちはまだいいですけど、子どもが小学生、中学生とだんだん大きくなってきたら、部屋を欲しがったりするんですが、不可能です。そんなところでもギリギリ五万五〇〇〇円でしたけど、これが八〇〇〇円下がったんですね。

母子生活支援施設（母子寮）のある施設長とお話したんですけども、母子生活支援は二、三年生活したら出ていかないといけない施設です。ずっと住むわけにはいかない。ところが今、京都市内の家賃は上昇傾向にあります。民泊ブームとかいろんなことがあって地価が上がっていますし、家賃も上っているんですね。今までつながりがあって支援をしてくださった母子寮の方々とつながりを持ちながら子どもを学校に行かせようと思ったら、母子寮の近くに物件を確保するのが一番いいんですが、それが「できない」とおっしゃっていました。公営住宅には母子家庭の優先入居枠があるんですけども周辺区が多く、そこに移ったら人間関係や社会関係が切れちゃうんですね。このように福祉の専門家の人たちが悩んでいる状況です。

●二〇一八年引下げの問題点――「低きに合わせる」

今回の引き下げの問題はなにか。一つは「利用者の意見を全く聞いていない」ということですね。障害のある人の対策やサービスは、これはさすがに障害者団体の代表が審議会に入って意見をいう場があるんですけども、こと生活保護については全く言う場がありません。障害者の権利保障はまだまだですが、意見を言う公的な場もあるし、運動も強い。障害者自立支援法という、とんでもない法律が国会に上程された時、障害者の方々は反対したわけですね。サービスを「応益負担」として、重度の人ほど負担金額が大きくなるようにした。そういうバカな法律だったわけですけども、これについて障害者の人たちが立ち上がって法律成立を阻止したわけです。

生活保護では全くそういうことにならない。「私たち抜きに私たちのことを決めるな」というのに、生活保護受給者だけ埒外に置かれている問題があります。

もう一つは「なんで、あれだけ下げられるんや?」という、下げる理屈のことです。国民の収入階層を下から一〇階層、一〇%刻みで分け、下から一〇%の人たち(第1・十分位)の生活と生活保護費を利用している人の生活を比べて、「生活保護基準がちょっと上やから、その分を削る」という理屈です。

ところが「第1・十分位」という層には、生活保護基準以下の世帯がたくさん含まれています。日本の生活保護基準は非常に厳しいんですね。生活保護が始まるときには貯金を全然認めていません。また車を持っていたら基本的にアウトですね。なかなか厳しい。したがって、生活保護を受けずに生活保護費以下の生活をしている人って、たくさんいるわけです。

貯金を五〇万ぐらいもっている人は生活保護にならない。私も現場にいた時、あるおばあちゃんが「年金三万円しかないから、もう生活できない」と相談にこられるわけですね。「わかりました。収入基準だけやったら生活保護になるんやけども、貯金お持ちですか?」と聞くと、おばあちゃんが「五〇万あります」といわれる。そうすると私は「今、直ちには生活保護にはならないです。貯金が一〇万まで減ったらきてください」って答えざるをえない。貯金が減ることを望んでいるわけではないですけども、条件としては、そうなる。貯金をとるか、生活保護をとるかという選択になるわけです。

高齢者の方とすれば、「いつ病気で入院せなあかんかもしれん。もし自分に万一のことがあったら葬式、どうするんや」という理由で、いくばくかの貯金をもっておられる。「葬式代まで人に迷惑かけたくない」。これは当たり前の感覚でしょう。しかし、それが許されない。結局、「ほな、もういいです。生活保護はもういいです。年金三万円で我慢しますわ」という選択をされる方が少なくないんですね。そういう人たちが「下位一〇%」の中に入っているわけですね。そういう人たちと比べて低い方に合わせるって発想ですね。そんな理由で下げていったら、もがけばもがくほど下に行っちゃうという蟻地獄となる。

下から一〇%の人たちの所得はジワジワ下がっていっている。これは政治の失敗ですね。一部の人だけが潤って世の中全体が地盤沈下を起こしているんです。一番下の一〇%の人たちは、いよいよ苦しくなっている。いよいよ苦しくなっている人と比べて「どうするねん」と思うわけです。「人の道にもとる」って慶応大学の井出英策さんが発言されたりしていますけどね。

引き下げた結果、二〇二〇年一〇月からは、世の中の真ん中ぐらいの所得の人と比べて、高齢夫婦でしたら五六%の生活保護費になってしまいます。しかし、これまで国は、生活保護法の水準を決める時、「世の中の平均的な人の収入所得の六〇%ぐらいを目安にしよう」と考えて、今の保護基準をつくってきたのですが、それが六〇％を切り、五〇％を割る事態となれば、「一人で生活している人の半分で生活しろ」ってことになります。「これはあんまりや」ということで「六〇％ライン」ができたんですけど、今度、下げていったら、それも割っちゃう。自ら決めた約束を、ないがしろにしているということです。「底なし」になっていくということですね。本当に困ったことです。

●健康で文化的な最低生活費をどうやって決めるか

では、どういう基準が考えられるか。国がやっている「低い方に合わせる」というものではなく、学者からもいろんなやり方で「保護基準を決めよう」と提案がある。「阿部・市民合意・マ・バ方式」（二〇一一年一〇月第六回生活保護基準部会資料）というやり方では、市民に無作為に集まってもらって、一カ月の生活費がどれぐらいかかるか、みんなで議論して決めるやり方です。「子どもにこれだけ費用がかかる。家賃でこれだけ費用がかかる。最低これだけ要るね」というような議論を積み重ねていって、専門家の意見も聞きながら積み重ねていったら、若者単身者で、一カ月一九万一七〇〇円ぐらいになった。家賃抜きで一一万六〇〇〇円ぐらいです。今の基準より上の基準です。家賃抜きやったら一人暮らしで八万円ですので、三万円ぐらいプラスになります。過去のいろんな研究では、「最低生活、これだけいるね」って議論すると、今の保護基準より上回っているんです。自分が「必要だ」と我が事で考えると、「生活費はこれだけいるね」ってなるんですね。

だけど生活保護受けている人を横から見ていると、「贅沢しているな」というように見てしまう。やはり「自分事」として保護基準を考えていく必要があります。このへんをしっかり議論していかないといけないのに、「低い方に合わせてどんどん切り下げていく」というのが今の国のやり方かなといわざるを得ないのです。

●子どもの貧困対策に逆行

もう一つの問題は、母子加算の引下げをはじめとして、子どもの貧困対策に逆行していることです。加算とか給付が下げられたことは、述べてきた通りです。高校生がアルバイトしないと家計が成り立たない。そういうところまできているご家庭が珍しくない状況のもとで、「保護基準を下げるのはいかがなものか」ということです。今の政府の姿勢は、こういうところに本音がある。

●生活保護と大学進学【図表8】

保護世帯の子どもたちの大学支援の話をしたいと思います。現在、大学への進学率は、一般世帯で二〇一六年は七三・二％になっています。これは浪人生を除外しているんですね。浪人生を入れたら文科省の統計では八〇％を超えているんですね。ところが生活保護世帯は三三・四％です。な

【図表8】保護世帯の大学進学支援

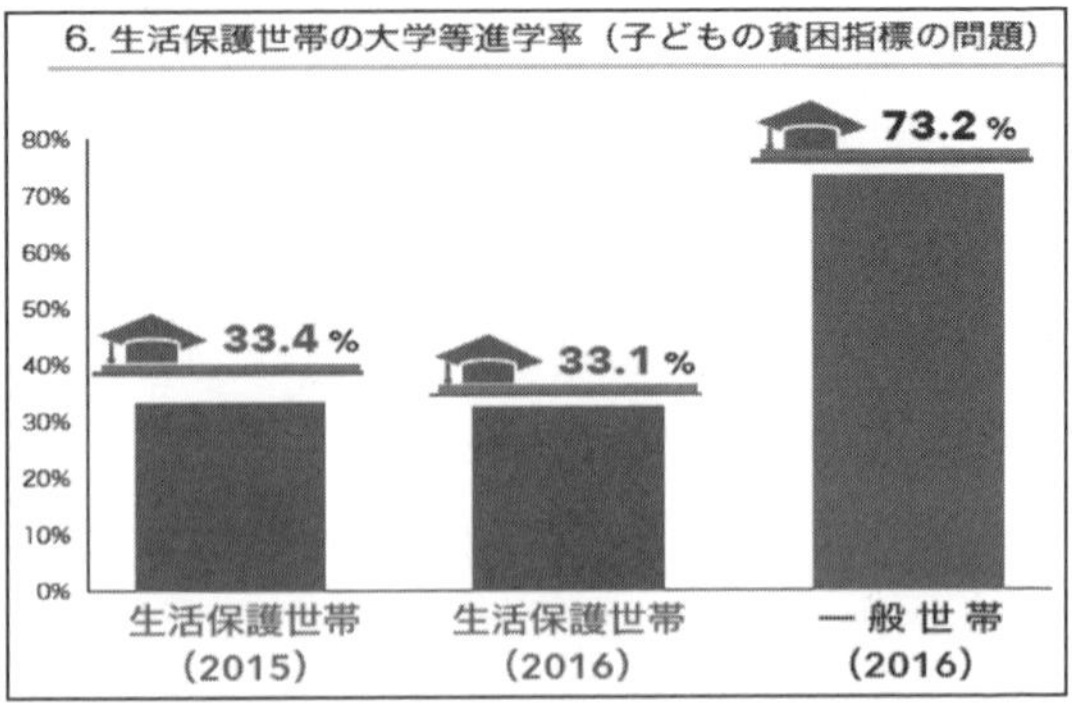

出所：内閣府「子供の貧困の状況と子供の貧困対策の実施状況（平成27年度版／平成28年度版
出所：桜井啓太名古屋市立大学准教授作成

ぜこんなことになるかというと、前述のように、大学進学をすると、進学した子どもの分の保護が打ち切られるからです。国は「高校出たら働けるはずやから大学行かんでもええ。行くんやったら自力で行け」という発想です。

歴史的に振り返りますと、一九七〇年、今から四八年前、半世紀ほど前までは、高校に行ったら、これと同じ扱いをされていました。「高校に行くのは余分なこと。中学出たら働けるはずやから働け」となっていたんですけども、高校進学率がどんどん上がってきて八〇％を超え、一九七〇年になって「高校に行っても保護を切らずに生活費を出そう」と変わったんですね。

それから半世紀たって、大学や専門学校への進学率が八〇％になっているんですから、生活保護を継続してもいい条件は整っているわけです。しかし、国はそこまではやらないということなんです。

問題はどこにあるか。なぜみんな大学に行くかってことですね。高卒では職がだんだんなくなってきているということはあるんですけども、生涯賃金が全然違うわけですね。大学、大学院卒で日本人の生涯賃金が今、二億五八九〇万円。高卒ですと一億九七三〇万円ですね。六〇〇〇万円違う。これやったら当然大学に行くわけですね。

もちろんお金だけの問題ではなく、子どもたちがその後、自ら歩む人生を考えれば大学に行ってさらに学びを深め、資格などをとるのは真っ当な理由ですし、そのことを尊重すべきです。しかも六〇〇〇万円余計に稼いでもらって税金が一〇%かかるとしたら、六〇〇万円税金を多く払ってくれるわけです。大学に行ってくれたら。

大学四年間の保護を継続した場合、保護費がどれぐらい増加するかというと月五万円ぐらいですから、四八カ月、四年間で二四〇万円。大学に行って保護を切らずに保護を適用した場合、国が余計に出さないといけないお金は二四〇万円です。他方でその人が大卒でずっと仕事をしたら六〇〇〇万円、余計に収入が得られるわけですね。そのうち六〇〇万円は少なくとも税金で払ってくれるわけです。そうするとプラスマイナスしたら国にとっては三六〇万円得なわけです。

その子が選んだ人生を送れるかどうかという一番大きな問題に加えて、お金の問題を単純に計算しても、大学に行ってもらった方が国にとっても得なはずですね。そんなこと、誰もあまりいわないんですけど。何でそれを考えないのかなというのが、ある意味、不思議です。

女性も同じで、賃金がどれぐらいかというと、高卒と大卒の賃金比較で七〇〇〇万円くらい違うんですね。だから生活保護を受けているご家庭を抑え込んでいるなと思わざるをえません。下の方に合わせる足引っ張りではなく、みんなが貧困にならない政策をやっていかないといけないと思います。

●おわりに

生活保護基準を物差しにしている制度は、国の発表でも四七制度になっています。このようなことを考えた時に、生活保護費を下げるというのは本当に間違った政策です。みんなが困ることです。「みんなが困らないように、みんなが貧困にならないように」、生活保護費を引き下げるという政策を改めてもらわないといけないと、私としては思っているところでございます。

以上、貧困と今回の保護費引き下げ問題についてお話させていただいたところでございます。どうもご清聴ありがとうございました。

（花園大学人権教育研究会第１０３回例会・二〇一八年五月三十日）

だれもが生まれてよかったと思える社会に

――大学生と行政でつくる小学校への「主権者教育」の取り組みを中心に

中　善則

●はじめに

教職課程で、中高の国語科、書道科、社会科等の免許をとろうという学生と関わらせてもらってます。つい、中学校教員時代のような学級担任の気持ちになって、学生と楽しく過ごさせてもらっています。第一〇四回の例会は、人権を大切にする社会の土台としての主権者育成の取り組み、具体的に言えば、学生たちが行う選挙啓発活動の様子を中心に、「主権者教育」について、考えてみたいと思います。

まず、本日の話の大前提として、現在の社会状況についての私なりの把握を述べておきたいと思います。現在の私たちの社会は、一人ひとり「だれもが生まれてきてよかった」と思える世の中なのか、あるいは、世間一般の人たちが、この世の中を、よりよき社会に一歩でも前進させて、次の世代へ送ろうとしているかというと、不安を感じざるをえないと考えています。

つまり、社会的弱者の立場をどう考えているかという点で心配です。ですから、そういう世の中を少しでも変えていく、「だれもが生まれてきてよかったと思える社会をつくらなければいけない」という意識をもつ人（＝主権者）を育てたい。「主権者を育てる」ことが、（社会科の）教員の使命ではないかと考えているわけです。

この人権教育研究会の目指す「人権教育」と「主権者教育」がどうつながるのか。それは、私にとっては、全く同じ意味合いです。というのは、人権が尊重される世の中をつくるためには、よりよい社会をつくろうと考える市民を育てなければならない。そして、そういった市民社会を形作っていくには、当然、

「選挙」がかかわってくる。昨今、選挙についての教育、「主権者教育」という言葉も急に使われるようになってきました。そこで、本日は、その一つの試みで、大学生が中心になり、右京区選挙管理委員会と一緒に小学校に「出前授業」をして、小学生と選挙についての学習をする取り組みのお話をしたいと思います。

●社会科の初心

先にも言いましたが、私は、元は中学校の社会科の教員でした。皆様も、「社会科」の授業を受けてこられたことと思います。ところで、その社会科は戦後できたんです。一九四七年のことです。それまで「社会科」という名の教科はなかったんですよ。

戦争で一旦崩壊した日本社会が再び立ち上がり、日本国憲法の精神が実現される社会をつくるために、社会科が生まれます。当時（一九四七年）の学習指導要領は、「これまでとかく上の方からきめて与えられたことを、どこまでもそのとおりに実行するといった画一的な傾きのあったのが、こんどはむしろ下の方からみんなの力で、いろいろと、作り上げて行くように」と、今後の教室の学びのあり方を述べています。

このような学習指導要領を手がかりとして社会科教育が始まり、「学校に生き生きとした新しい気分を生み出し」たのですが、教員の中には、学習指導要領だけでは十分に、新教育の理念に納得できないという声もあり、翌年に、文部省は、「小学校社会科学習指導要領補説」を出し、社会科の目標や方法の試案をあらためて発表しています。

私は、この文書が大好きでね、何回読んでも感動するんです。自分が中学社会科の教師をやっている時、例えば、歴史の時間としましょう。さて、何のために、「土偶」を教えるのか、「聖徳太子」を教えるのか。地理の時間なら「アフリカの暮らし」を教えるのか。目的がみえづらい時があります。

受験用に割り切れば簡単ですが、社会科として、なぜこの内容が与えられ、子どもたちとどういうことを話しあえばいいのか悩みます。そういう時に、この文書は、「ああそうか、こんなことをやってみよう」とアイデアを与えてくれるのです。では、みなさんにもこの感動をおすそ分け（笑）。

【資料1】小学校社会科学習指導要領補説（昭和23年）

【社会科の目標】

社会科の主要目標を一言でいえば、できるだけりっぱな公民的資質を発展させることであります。……

そして、そのような理解に達することは、結局社会的に目が開かれるということであるともいえましょう。……

しかし、りっぱな公民的資質ということは、その目が社会的に開かれているということ以上のものを含んでいます。すなわちそのほかに、人々の幸福に対して積極的な熱意をもち、本質的な関心をもっていることが肝要です。それは政治的・社会的・経済的その他あらゆる不正に対して積極的に反ぱつする心です。人間性及び民主主義を信頼する心です。人類にはいろいろな問題を賢明な協力によって解決していく能力があるのだということを確信する心です。このような信念のみが公民的資質に推進力を与えるものです。……

【資料1】の「社会科の目標」というところの一部を読んでみましょうか。社会科の「初心」が熱く述べられています。

では、いきますよ。まず、**「社会科の主要目標を一言でいえば、できるだけ立派な公民的資質を発展させることであります」**と先生方に呼びかけています。「公民的資質」という言葉は、現在の学習指導要領にまで一貫して使われている、社会科にとっては重要なキーワードです。

人間は、家庭生活等の私的な生活面に加え、社会の成員として生きる公的な面があります。その公的な面で、社会について自分なりに理解し、よりよい社会を目指して生きる人間としての資質・能力が、「公民的資質」という意味です。この世の中を今以上に、少しでも住みやすくしようと努力する人になるための力、ということかな。

そして、「公民的資質を身につける」ということは、結局**「社会的に目が開かれている」**ということである、と展開します。「あなたが指導している子どもたちは、社会的に目を開いていますか?」と、国は問うているのです。

しかし、立派な「公民的資質」とは、**「その目が社会的に開かれているということ以上のものを含んでいます」**と続く。つまり、社会的に目を開いているだけではだめなんだ。目の開き方に関して、**「人々の幸福に対して積極的な熱意をもち、本質的な関心をもっていることが肝要です」**と言う。社会科を学ぶには、人々の幸福に対して積極的に熱い気持ちをもっているかどうかが大切なんだと。社会科をなぜ勉強するか? それは、人々の幸福のためなのだと、言っているわけです。

さらに、**「それは、政治的・社会的・経済的その他あらゆる不正に対して積極的に反発する心です」**と論は進みます。「不正に対して積極的に反発する心」。財務省の改ざん問題で揺れる今の政治状況に対して、一言、言いたくなりますよね。しかし、この「不正」という言葉は、文字通りの正しくないことという意味ではなく、だれもが幸せになる世の中に対して「まだ十分に届いていない」というレベルで、「不正」と表現していると、私は解釈しています。政治的・社会的・経済的に、まだまだ憲法の精神に到達していないことは、現在でもありますよね。例えば、ジェンダーの問題。まだまだ女性の権利の保障が十分とはいえない。これが「不正」。もう一つ例をあげれば、社会的貧困の問題があげられます。社会的弱者に対して、十分な措置がとられているのか。逆に、それが、より一層弱められていく現状があるのではないか。それらに対して「積極的に反発する心」が必要なのだ。この国の中でまだまだ不正がある。要するに、足らないところがある。その足らないことに対して積極的に反発する心が必要だ、と。

続いて、**「人間性及び民主主義を信頼する心です。人類にはいろいろな問題を賢明な協力によって解決していく能力があるのだと確信する心です。このような信念のみが公民的資質に推進力を与える」**のです、と説きます。「人類にはいろんな問題を賢明な協力によって解決していく能力がある」との言葉があります。二〇一七年は、どこかの国のトップが、ある国に対して、非核化しなければミサイルを撃ちこむと言ったり、それをわが国の首相も全面的に支持すると表明したりと、そんな威嚇的な発言を耳にし、私は苦い思いをしました。

私たちの国は、教育で、「あらゆる問題に対して人間を信じて賢明な協力によって解決していくこと」を社会科のスタートで誓っているのに、現実は、世界のあちこちの指導者が暴力的な発言をする、心痛い社会です。戦後すぐの私たちは、新しい出発にあたり、「賢明な協力によって解決することを確信」すると考えているわけです。理想論だと言って、退けてしまうことは簡単ですが、困難な道かもしれないけれど、でも、その道を、あえて「確信」していく。ここが私の心を熱くするんです。

学生に、よく言います。「『この人が好き・嫌い』と簡単にいうけど、結婚するということは、『この人と一緒にずっと生きていこう』と確信することが必要だ。いろんなことがあるかもしれないが、確信することなんや」と。現実社会も同じで、この世の中、いろんな困難は協力することで解決できることを確信していくこと。こういう力を社会科でつけましょうと、この文書は書いているんですね。

これを読むと、何を指導していったらいいか迷っていた気持ちに、何か光が差してきて、「こういうことを授業で語り合えばいいんだな」と教えてくれる文章なんです。ですから、今まで繰り返し、読んで、味わって、考えてきました。いろんな方に知っていただきたい、ステキな文章でしょ。社会科はこういう初心をもって、戦後、出発したのです。

●大学生と行政でつくる小学校への「主権者教育」の取り組み

前節で述べたような社会科に対する思いがありまして、子どもたちに、人々の幸せに対して熱い気持ちをもって世の中をつくっていくんだという「公民的資質」を育成したいと考えてきました。そういう社会をつくるために、互いに学びあう授業作りを、私は研究しています。

そのなかで、もっとも直接的には、「選挙」について考えることが重要になってきます。投票行動のみに焦点化することが「主権者教育」ではありませんが、今日は「投票行動を考える主権者教育」の話です。選挙権が一八歳からに拡大されたので、高校でも、主権者教育は重要なテーマになっています。

しかし、実は一〇人に一人は一八歳時に高校には通っていません。それゆえ、一五歳の段階、つまり、義務教育段階で、その年齢なりに、日本の政党の現状を理解し、共感する政党がなければならないのではないか。もう一度、言いますが、一五歳の段階で、ある程度の「政治的教養・判断力」を身につけるように、学校で教育を受けるべきと考えています。

ところで、これからの学校現場で教員に求められる資質として、授業でいろんな方面の専門家の協力を仰げるかということがあげられます。授業を外部に開く姿勢です。私も大学で、「選挙のことを教育したいのだけど、協力してくれる方はいないかな」と考えていた時、右京区選管が学生を集めて啓発活動をしているとお聞きして、ぜひコラボできたらと考えました。学生と選管とが力をあわせた「主権者教育」を、小中学校の学校現場で、つくりあげたいと思ったのです。

それでは、具体的に、「出前授業」の話をしていきましょう。私は、中学校では「公民」で選挙に関する単元が数時間分あるので、できれば、小学校でやってみたいと考えました。加えて、中高の教員をめざしている学生たちに、小学生のキラキラした姿を見せたい。中高の教育実習を経験する前に、小学生の純粋に質問してくれる姿を見てほしいと思いました。小学校の先生の、中高の教員とはひと味違う、丁寧な授業運びも経験させたかった。そういった思いもあって、二〇一三年二月から、小学校で「出前授業」をさせていただくことになりました。

①出前授業の構成

その出前授業の構成ですが、簡単に【資料2　出前授業の構成】に一連の流れを示しました。中心は、三人の立候補者の演説を聞いて投票をするという「選挙劇」になります。まず、候補者の演説内容をしっかり聞いて、その公約を吟味して投票する経験をさせたいと考えたからです。そして、その劇を見てから模擬投票をします。その後、開票し、学んだ内容についてのグループワークをして、まとめをするという構成です。

【資料2】出前授業の構成

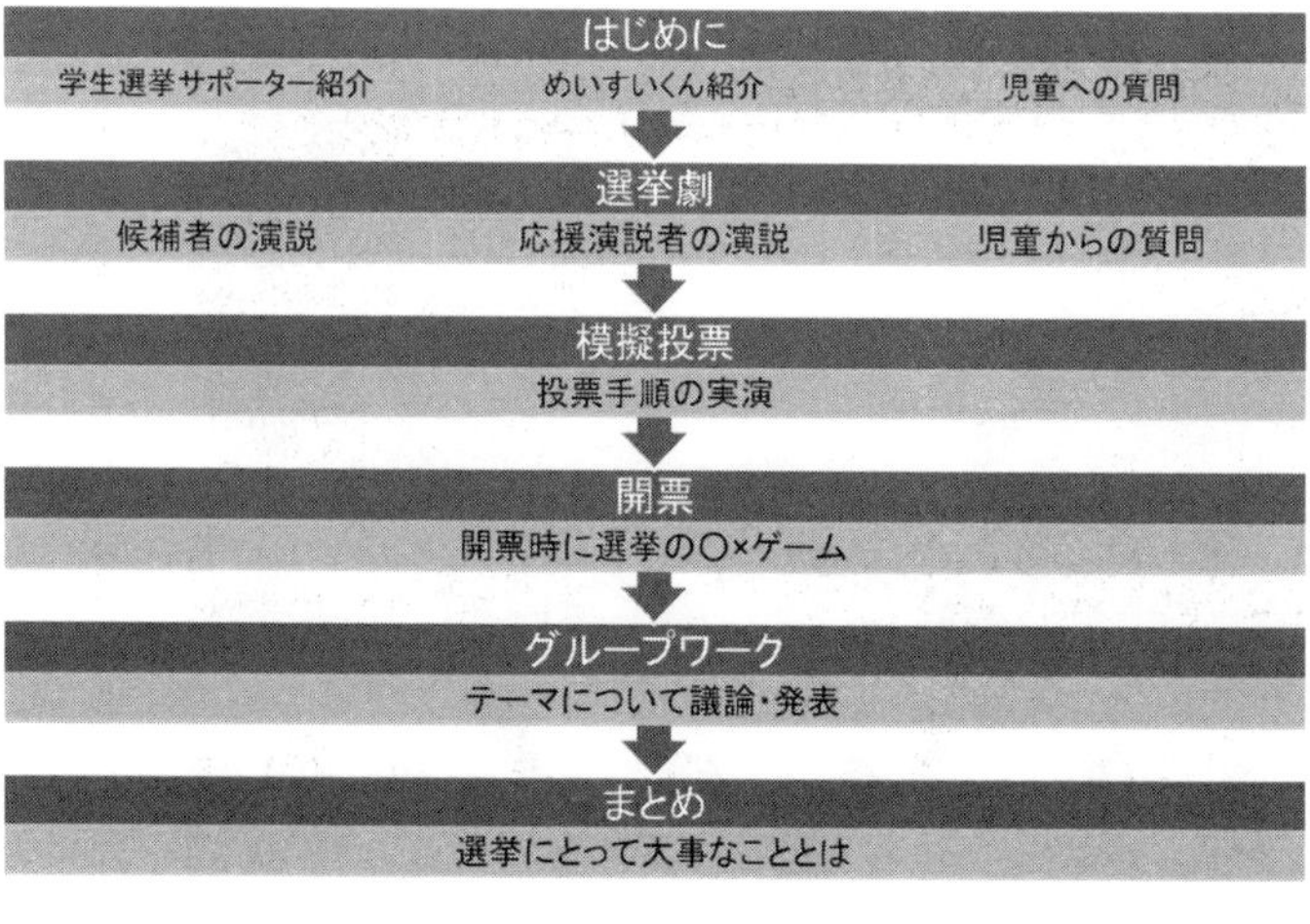

全国でも、選挙管理委員会と大学生が模擬投票をする取り組みをされていますが、私たちのやっている「出前授業」には、「ここしかない」という、すごい点があります。後に、その点をぜひ共有したいと思います。

②選挙劇と模擬投開票

まず、この授業が成功している重要なポイントのひとつは、「本物」を志向しているところだと思います。投票に関する機材はすべて、本物を選挙管理委員会からお借りしています。学校だけですると、こういう器具がありません。私は、現場の教員の研修に呼ばれた際には、「行政の力を借りるべきだ」と言っています。子どもたちは本物を見るかどうかで、やはり違ってきます。職員さんには、いろいろとご負担をおかけすることになりますが、本物を見せることがポイントになると思います。

私たちの場合は、投票箱・記載台・投票用紙交付機などの機器だけでなく、立候補者のポスターや広報ハガキ、選挙公報も本物仕様でつくっています。そのような作業

に力を注いでくださる右京区職員さんには頭が下がります。遅くまで学生と丁寧につきあっていただいて、完璧な「投票現場」をつくってくださいます。

さて、当日は、三人の立候補者が順番に演説します。小学生は、各候補者への質問の手を上げてくれます。まだ、人前であまりしゃべったことがない学生に、小学生がいきいきと反応してくれるのです。学生にとっては、またとない経験になります。演説を聞いた後、子どもたちは広報を見ながら真剣に、誰に投票するか考えます。ここで、子どもたちに候補者の政見を聞き、選ぶという経験をさせているつもりです。広報を見てしっかり聞く。選挙劇の中身は、いったりきたり迷いながらやっています。二〇一三年からの中身の変遷については、二〇一七年に出版した『子どものための主権者教育～大学生と行政でつくるアクティブ・ラーニング型選挙出前授業』に細かく書いていますので、ぜひ見てください。

二〇一五年版は、子どもたちの身近な学校の話題がいいだろうと、「給食」「テスト」「授業」をテーマに対立軸をつくって、「学校の問題」で投票する内容にしました。子どもたちは実に一生懸命考えて判断しました。ところが、小学校の先生から、「六年生はもっと高度なことがわかる、政治問題もわかる。できない架空のことを話すよりも現実の話題でやってもらったら」という提案をいただきました。

そこで、二〇一六年版は「医療問題」「公共事業」「教育問題」と、現実の社会的課題について子どもに問う内容に、思い切って舵をきりました。例えば、医療問題では「七五歳以上を医療費無償化にする」とか「保険料負担を三割から四割に増やす」などです。このように、三つの課題に関して、実際に議論がされている内容で、子どもに問いました。

【資料3】選挙出前授業の内容〜選挙劇（2016）〜

	長澤　るみ	有薗　雄大	田中　一郎
医療	75歳以上は，医療費を無償化する	収入に応じて医療費を変える（収入の多い人は高額に，少ない人は低額に）	医療費の自己負担額を，3割から4割にする
公共事業	新たな道路や，公共施設をもう作らない	道路を整備し，都心部と田舎を行き来しやすくする	大規模テーマパークを誘致
教育	一クラスあたりの人数を減らし、丁寧な指導を行う	図書室，運動場を放課後・土日解放とする	学力の向上のため，コンピューター教育を充実させる

【資料3】選挙出前授業の内容〜選挙劇（2017）〜

	的場　すすむ	吉野　ゆう	中　一郎
学校	校庭の遊具の追加	スクールゾーンの強化	"Aバッジ"の導入
観光	観光地のさらなる活性化	アスレチックテーマパークの建設	遊園地の建設
住環境	道路工事などの削減	子供やお年寄りのための道路整備	ゴミ分別を簡単にする

ところが、二〇一七年版は、【資料3　選挙出前授業の内容〜選挙劇（二〇一六）・（二〇一七）】か

らもわかるように、少し簡単なものにしています。小学校の先生の意見で「二〇一六年の内容は難しい。「言葉の説明に時間がかかってしまう」、との指摘があり、「これくらいならどうか」と先生と右京区と学生で打合せをして選んだ項目です。

どんな内容で、子どもに提供すればいいか、二〇一八年版も、まだ、検討中です。子どもに合うものを選びたいなと考えているところです。ご意見があれば教えていただきたいです。ただ、二〇一八年版も、三人の立候補者がいて、三つの公約があり、よく聞いて、一つずつ自分の賛否を考えて記録をとって投票する人を選ぶというスタイルで、学生と一緒に考えていきたいと思っています。

実践上の工夫でとても面白いのは、「質問タイム」の時間です。立候補者と応援演説者が演説した後、少人数に分かれて立候補者に直接聞く「質問タイム」をつくっているのです。実際の候補者に直接聞く機会はなかなかないかもしれませんが、現実の政治家に意見を聞いてみる経験ができたらと。これが小学生はすごくいい。想定を超える質問をしてくれるのです。

甘い公約で「医療費をタダにする」とか「遊園地をつくる」とかに対して「財源はどうするのか？」と鋭く聞く。小学生だと軽くみてはいけない。あの様子からみて、小学生にも政治学習が十分できると確信するようになりました。実に熱心に、小学生は立候補者の演説に対して、厳しい質問をしっかりとしてくれるのです。小学生に授業後のアンケートで「何が楽しかった？」と聞いているのですが、「質問タイムが楽しかった」というのが想像以上にありました。「候補者と会話ができた」という子どもの喜びもありました。

その後の投票は、先ほど話したように、すべて現物をお借りしてやっています。投票箱を、ただのダンボールでするのと本物の機材を使うのとでは違う。子どもの感想も「投票用紙を入れる時、ドキドキした、ワクワクした」と、実物のもつ力を、子どもたちの様子を見て実感しています。

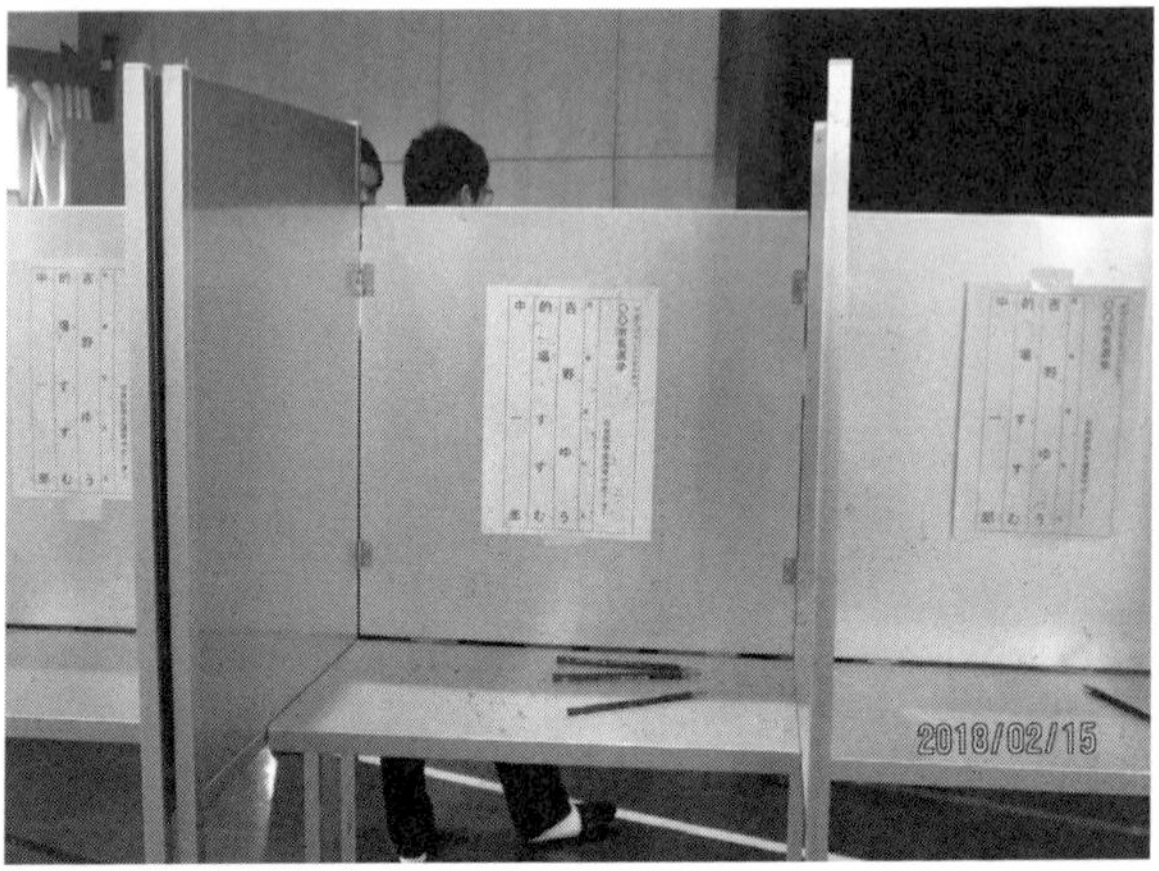

投票後は、開票作業も公開するようにしています。さらに、結果発表後、当選者が挨拶する時間

を設けています。当選者の挨拶の時、気をつけていることは、負けた方、つまり二位以下の候補者の話題についても触れるようにしているところです。当選した人が、二位との差が何票あったかを意識していることを伝えたいなと考えています。批判票にも意味があることが、子どもに暗に伝わればと願っています。

③「グループワーク」〜「判断の規準」・「選挙に参加するときに大事なこと」を議論させる

以上、ここまでの模擬投票の授業は、全国各地で、様々に工夫をされて実践されていると思うのですね。しかし、ここからが、私たちの実践が、全国で稀にみるすばらしい活動だと自負しているところです。

それは、「グループワーク」があること、そしてその中身です。私たちのやり方では、模擬投票後、少数のグループに分けて、各グループに学生サポーターがついて、以下のテーマで議論することになっています。学生が、小学生相手に押しつけるわけでもなく、うまく入ってくれて議論を促してくれています。

グループワークの内容ですが、二つテーマがあります。まずは、その内容を説明しておきます。

一つめは、「その人に投票しようと思った判断の規準は何か?」というものです。公約を聞くときに渡された、【資料4　配布プリント①】のように、子どもが、自分の考えに近いところに○をつけていきます。「学校」「観光」「住環境」について、それぞれの候補者の公約について、「賛成」「やや賛

【資料4】配布プリント①

的場すすむ

公約	賛成	やや賛成	やや反対	反対
〈学校〉 校庭の遊具の追加				
〈観光〉 観光地のさらなる活性化				
〈住環境〉 道路工事などの削減				

（メモ・感想）

吉野ゆう

公約	賛成	やや賛成	やや反対	反対
〈学校〉 スクールゾーンの強化				
〈観光〉 アスレチックテーマパークの建設				
〈住環境〉 子供やお年寄りのための道路の整備				

（メモ・感想）

中一郎

公約	賛成	やや賛成	やや反対	反対
〈学校〉 “Aバッジ”の導入				
〈観光〉 遊園地の建設				
〈住環境〉 ゴミ分別を簡単にする				

（メモ・感想）

成」「やや反対」「反対」の、どれかに○をつける。候補者間で、あえて差をつけて、○を入れるように児童にお願いしています。投票時は、児童が、そのシートを見て「誰に投票するか」を決めるのですが、そこで、○の分布で「どういう理由で、その人を選んだか」をグループワークで話をするわけです。二つめは、「選挙に参加するときに大事なことは?」というもので、本日学んだ選挙についての思いを語りあってもらいます。この二つの話し合いの活動を大事にしています。学生が一人、児童のグループに入って補助しながら、児童たちが真剣に考えあうグループワークです。

(ア)一つめのテーマ:「その人に投票しようと思った判断の規準は何か?」

実は、この一つめのテーマにたどり着くまでに、二〜三年の試行錯誤がありました。私たちが、このテーマを重視している理由と考えを、【資料5 ある児童のワークシート】を用いながら説明しましょう。この表は、ある児童の、山候補と川候補の演説を聞いた後に、記したワークシートとします。

例えば、山候補が、「教育の無償化をします。教育の無償化が大事だ」と、その政策を集中的に訴えているとします。一方で、川候補者は、無償化に関しては、やや消極的だとします。すると、教育の無償化に強い関心があったり、今回の選挙の争点が「教育の無償化」だと、メディアが大きく打ち出した場合、この児童は、山さんに投票することになるでしょう。本人が、一番関心を持ってる課題に対して、最も考えが近い候補者に投票するのは当然アリで、間違っているとはいえません。

しかしながら、どうしても、踏みとどまってほしいところがあるのです。実際、多くの模擬投票の実践は、このように、立候補者の目玉の公約で、子どもたちに投票をさせてしまっているのが多

【資料5】ある児童のワークシート

山

公約	大賛成	まあ賛成	まあ反対	大反対
教育の無償化	●			
B				●
C			●	

川

公約	大賛成	まあ賛成	まあ反対	大反対
教育の無償化			◎	
B		◎		
C		◎		

【資料5】ひとつのテーマのみに焦点があたると…

山

公約	大賛成	まあ賛成	まあ反対	大反対
教育の無償化	●			

大学まで無償化。財源は高齢者の医療費削減

川

公約	大賛成	まあ賛成	まあ反対	大反対
教育の無償化			◎	

あまり触れず

教育の無償化より、高齢者の社会福祉の充実が先

いのです。そういった授業でも、「選挙を体験した」、あるいは、「自分に近い政策で選んだ」という学びにはなるでしょう。「選挙の体験」をすること自体、貴重な経験ではあるわけですが、単一の争点のみで、候補者を選択する内容でいいものなのかどうか。その点を、というか、その点をこそ、子どもに考えさせたいのです。

今の例で言えば、「教育の無償化」のテーマのみで山さんに賛成し、投票してしまうことは大きな問題をはらんでいることもあると思うんです。例えば、Bの項目に「憲法改正」問題、Cには「外交」

問題等、いろいろな争点があると思います。一つの公約だけを見ると「山さんがいいな」と思っても、じっくり聞いてみると「B問題では川さんの方がいい」、もしくは、「Cのテーマでは、山さんの考えは絶対嫌だ」とか出てくる争点もあるかもしれない。

では、仮に、「教育の無償化」の他に、B・Cの項目を冷静に判断したとき、【資料5】のようになったとしましょう。この場合、皆さんは、山候補、川候補、どちらに入れますか？　正解はわからないし、望ましい答えというものも、実際ありません。そこで、グループワークで子どもたちそれぞれが、自分の判断の規準を言いあい、聴かせあいたいのです。

子どもたち同士が、「僕は大賛成の項目がある人がいいと思ったので山さんに入れた」。「私は、逆に、山さんには大反対の項目があったから入れなかった」等々、判断の規準についてグループワークで話をさせたい。互いの表を見て、どんな思いで、何を大事にするのか。「賛成」を大事にするのか、いや「反対」を大事にするのか。「やや賛成」の数が多い方に入れるのか。このように、「どん

なふうに候補者を選ぶか」を話しあわせるのです。こういう工夫はこの右京区の取り組みしかやっていないと思います。

これが大事だと思います。どちらに、あえて入れるのか。「大賛成がある人に入れた方がいい」のか。「大反対のない人に入れる」のか。「自分が大事なテーマで決めたらいい」のではないか。「一つではあかんよ、たくさん見ないと判断できないよ。できるだけ多くのテーマで見た方がいい」のではないか。大学生がリードしながら、このような議論ができるようにと考えています。もちろん、誰に入れたかではなくて、どのような規準で選んだかを話し合う、ということです。

そのために、立候補者の公約づくりに一工夫加えています。というのは、候補者の三つの公約を、いわゆる「保守的なもの」で揃えたり、「リベラル的なもの」で揃えたりはしていません。そんな人物は現実にはいないので、「この方法はおかしい」と批判をいただくかもしれないし、実際に迷いもあります。現実の政党に合わせた公約に揃えた方がいいのか、あえて許される範囲で、保守的な政策とリベラルな政策を交錯させた方がいいのか。

しかし、私たちは、小学生ということもあり、あえてギザギザな状態にして、全面的に「賛成」できる候補者がいなくても、「ベター」な候補者を、あえて選択させる。迷いながらも、自分の規準をつくって、一人を選んでいく。「迷うことが主権者を育て、政治の関心を高めるためには大事なのではないか。迷わせたいな」と思っています。この公約作りについて、ぜひ、後の質疑でご意見をいただきたいです。

（イ）二つめのテーマ：「選挙に参加するときに大事なことは？」

その次は、グループワークの二つめ、「選挙に参加するときに大事なこと」を、話し合ってもらいます。これは、グループワークの後、全体でも意見を共有します。この司会は、もちろん学生がします。この話し合いでは、選挙の重要性や投票へ行くことの大切さの確認もありますが、「投票」した時だけでなく、「投票後」も見ていかなければならないことへと意識を向けてもらえるように、議論を促しています。学生は、児童のグループワークの意見を採り入れて、うまくまとめてくれています。投票後も政治に関心が続くような主権者へと育てたいものです。

④この実践の評価と課題

この「出前授業」を続けてみて、児童の保護者からも高い評価をいただいています。授業後、ふりかえりシートを児童に記入してもらっていますが、保護者への啓発も兼ねて、最後の項目に「保護者欄」を設けて、「子どもの話を聞いて、選挙について、話しあったことを書いてください」とお願いしています。

児童が家に帰って、「今日、こんなことを考えた」と言うと、さすがに親もそれに促されて、いろんな思いを書いてくれます。子どもの感動が親に伝わっていると信じています。また、右京区の保護者はすごい。お仕事や家事でお疲れのところ、びっしりと書いていただけます。感謝の気持ちでいっぱいです。家庭で、政治の話題をするきっかけになればいいですね。

児童に書いてもらうふりかえりシートには、「今日の授業で一番楽しかったものは何ですか?」と尋ねる箇所もあります。選挙劇とか模擬投票が楽しいのはわかりますが、「グループワークが楽しい」という意見も結構あります。やる方としては、うれしい、思わぬ誤算です。子どもたちが、「判断の規準」を話し合ったことが楽しいと思える、そこまで学級をつくってくれている先生方にも感謝です。

これまで、学校現場では児童に政治的な学習をさせるのは難しいと、政治の話題は避けがちであったり、教員の「政治的中立性」が話題にあがることもあって、政治教育にはなかなか踏み込んでこなかったことは事実です。しかし、この実践を通じて、「政治の学習を、子どもたちは求めているんだ。子どもは考える力があるんだ」ということ、加えて「政治の勉強もしてみたいんだ。熱い気持ちが溢れるくらいあるんだ」と実感させてもらいました。

一方、大学生の力も必要です。グループワークで、子ども同士が話しあい、感じたことを伝えあえるよう、適切な助言を行い、子どもを信じて発言を待ってくれます。この、待ってあげる時間が大事だなと、私も勉強になりました。大学生にも感謝しています。

さらに、後日談ですが、小学校の先生が、右京区選管の方と会われて、このようにおっしゃったとのことです。「実は、子どもたちは、事前の関心は薄かった。出前授業に関する興味が高かったわけではなかったのだが、授業後、想像以上に、政治的な問題に関心が高まっていました」と。この言葉から学べることは、事前に関心が薄かったのは興味がなかったからなのではなく、政治学習の機会がなかったからなのでしょう。今回、その機会を得たことにより、子どもたちは、政治に関して気付くことがいっぱいあって、関心が高まったと思うのです。

小学生に主権者教育という話題は早いという意見は全く間違っていて、早くはないことということです。六年生はもちろんできる。いや、低学年でも内容によってできるのではないか。子どもたちの姿を見て、そう実感した次第です。

●「私たちの社会」という発想へ——だれもが生まれてよかったと思える社会に

そろそろ、いったん今までの話をまとめたいと思います。この模擬投票を含んだ出前授業は、単に投票の経験をさせるだけで終わらせるのは勿体ないと考えて企画してきました。この実践は、もちろん、選挙の専門家である右京区選管がいなければできませんでした。内容面で重要なことは、公約プリントを見て子どもたちが議論しあうグループワークが入っていることでした。できることなら、それぞれのグループの議論を録音して聞きたいな、そしてそれを元に、さらに、充実させていきたいという目標があります。

さて、こういった選挙に関した教育を、特に「主権者教育」と呼ぶ場合がありますが、最後に、「主権者」ということについて、この実践と関連づけながら触れておきましょう。

私たちの実践では、「誰に投票したか」を発表することがないように気をつけながら、子どもたちが「私は社会保障に関して、こういうことを大事にしたい」「こんな政策の人には入れない」「こんな学校になってほしい」など、多くの公約の中から、投票時、どんな判断の規準で、どう選ぶのかを考えさせています。「消費税は安い方がいい」「医療費も安い方がいい」「自分の家族が得する」「教育にお金を回してほしい」など、初めは、自分の利益につながる方に賛意を示していた児童も、友だちのいろんな考えを聞くことによって、「私の判断」から「私たちの判断」へと政策を見る眼が変化してくるのではないか。この世の中をどんなふうにつくるか、他人が何に困っているのか、どんなことを望んでいるのか、多くの友人の意見を聞いて、他の人の意見を栄養にして、「世の中全体をどうしていけばいいかを判断できる人」に育っていってほしいと考えています。

このようなグループワークの経験を通じて、「自分だけがいい世の中」ではなく「私たち、だれもが幸福になる社会」、つまり、社会全体の幸福といった観点も加味して、判断する必要があるのだという気づきができる小学校六年生になってほしい。そうなってもらえると、様々な社会的課題に対して「私たち」の公約はどうなのかを考える、まさに、「主権者」の誕生です。

そして、その「主権者」は、すべての人の「人権」を支えていく、社会の成員として存在していることでしょう。そのような歩みをへて、一八歳を迎えてもらえたらと願って、小学生に、こういう授業をやっているということです。

お終いに、昨年度の実践を、KBS京都とNHKに採り上げていただきましたので、紹介させていただきます。(放映:二〇一八年二月六日　KBS京都　NEWSフェイス、NHK京いちにち)

（質疑応答）

司会　ありがとうございました。ご意見、ご質問を承りたいと思います。

質問1　投票させてグループワークをしたあと、児童の投票結果が変わるのかどうか。子どもたちの判断規準が「自分が投票した人でよかった」と思うか「判断が変わるのか」を知りたいです。

質問2　選挙にいく前に自分で判断して投票するんですが、相談も議論もせずに決めている。今回の取り組みを見て、今度からは周りと議論して投票していくべきではないかと思いました。今は実際、一つひとつの項目について絞ってとか、ワンフレーズ型の演説とか、候補者の人が丁寧に演説していないような気がします。

質問3　ある大学の教職課程で日本国憲法に取り組んでいます。「出前授業」の当日の体育館の様子は、臨場感溢れる映像でしたが、当日に至るまでの準備段階、つまり、小学生側は「出前授業」に向かう前に、小学校で勉強してからその場にいるのか、いきなり大学生の話を聞くのか。選挙サポーターの学生は、どういう準備をした上で当日の「出前授業」に臨むのか。政策ごとに議論する時、「教育の無償化」一つにしても内容は複雑で、かなり説明を要すると思うのですが、その準備について聞かせてほしい。

中　では、お三方の質問にお答えします。

まず、質問1「質問タイムの後、意見が変わるか？」という点は、私どもも知りたいことなんです。

でも、「あなた、誰に入れた?」と選挙の学習をしているのに聞くのはよくないでしょう。方法が難しいのですが、ぜひ、今後、分析していきたいと考えています。

次に、質問2。もちろん、「ワンフレーズ型の候補者」とか、それを意識した演説内容を考えています。そして、「質問タイム」で、候補者に問いただす経験をして、実際の政治家の選挙演説や公約の足りないところに気付いてほしいなと考えています。ワンフレーズでは、判断できないということに気付いてもらいたい、という願いを込めてやっています。

最後に、質問3に対して、まず、「準備は小学校でどれだけやっているか」ですが、この実践を二月にやっているのは、小学六年生の政治学習が終わる頃であるからです。政治学習を終えてからの時期に、学校と協議して日時を決定しています。政治学習とリンクできるようにということです。内容に関しても、右京区選管職員と学生が、事前に小学校を訪れ、こちら側の台本をお見せし、先生方にも事前に何をするかをわかっていただいた上で臨むようにしています。

二〇一八年九月には、京都市立鳴滝総合支援学校高等部に行く予定なのですが、この学校では、演説する公約についての学習を、前もって先生がやってくださることになっています。つまり、公約内容がわかるように、基礎知識を事前につけるよう指導していただいています。

今後の理想はもっと、小学校の普段の授業と関連づけられたらいいなとは考えています。さらに、この授業の後、例えば、政治に関する新聞記事を読む学習につなげていくことができたらいいなと思っています。これからの課題にしていきたいです。

次に、「大学生がどれだけ準備しているか」ですが、これは、事前の準備段階で、選管と繰り返し打ち合わせをして、グループワークで小学生にどんなことを話してほしいかを検討しています。公約内容についても、例えば、二〇一八年九月の鳴滝総合支援学校では、「裁量労働制」を争点にするのですが、それについて、学生は、本当によく調べて、準備しています。今日は、学生選挙サポーターのリーダーである学生も参加してくれていますので、事前準備でどれだけ勉強しているか、直接、お話をお願いできますか？

村瀬　右京区学生選挙サポーターでリーダーを務めています。「公約」内容の選定については、社会科で取り扱うものを考えながら、今後、注目してほしい課題を採り上げるようにして、私たちで調べて、それをメンバー内で共有して、学生一人ひとりが公約を理解できるように、打合せで話をします。立候補者と応援演説者以外の係も、一通りの公約については理解した上で「出前授業」を行っています。

中　それでは、実際にやってみての感想もお話ください。

村瀬　去年、鳴滝総合支援学校で出前授業をやらせてもらった時の「質問タイム」では、「財源」を聞いてくる生徒や、「授業時間を減らすと、その分は何をするのか」と思ってもいない厳しく深い質問が飛んできました。ですので、今は、「こんな質問がくるかもしれない」と、前もってみんなで話しあっています。リハーサルで、生徒役が想定質問をして、質問に答えるように準備し、さらに、応援演説と立候補者で意見をあわせるようにして、「質問タイム」に応じられるようにしています。

中　次回にむけての改善点は？

村瀬　演説のとき、立候補者と応援演説者は、いいことしかいわない。ところが、いいことだけではなく、その政策に伴うデメリットもあるかを考えてもらう仕掛けをしたい。甘い公約だけでなく、それに伴う負担がきちんと見えていたら、「ホントにその人に投票してもらっていいのかな？」と考えてくれると思っています。

中　ありがとう。

司会　準備が大変ですね。

中　ちょっと見方を変えて、大学生の成長の話をさせてください。大学生が小学生相手に成長していきます。加えて、右京区選管職員が、大学生相手に、丁寧に対応していただいているのも大きいです。職員が、心をこめて働いている姿を見るのは、学生にとっては極めて貴重なことで、働くことの意味ややりがいを持つことの大切さを、感じとっているようです。「働き方改革」も必要で、仕事ばかりではだめだけど、仕事に魂をこめ、夢や目標をもつ方を、間近に見れる学生たちの学びは大きいです。

その結果、ここにいる村瀬さんのように、想像以上に、成長してくれる学生が出てくるのです。今では、彼女はこの準備のために、学生同士が自主的に集まって話しあう時間を設けてくれているようですし、さらに、「出前授業」だけではなく、地域住民に対しても、選挙の啓発活動をしたいと考えてくれているようです。ドンドン進化し深まってがんばっている、学生の成長はすごいなと思っています。

司会　本日は、右京区選挙管理委員会の職員さんも来てくださいました。右京区選管からも、この取り組みは、担当として、市民のみなさんに効果があるのかなと思いますが、取り組みへの思いやご苦労をお話くださいますか？

山岸　小学生は、真剣に授業に取り組み、大学生も人前で話すことでいろいろと勉強しています。選挙管理委員会は、多くの有権者に投票していただくために啓発をしていかないといけません。出前授業を重ねるごとに三者（学校、大学生、選挙管理委員会）それぞれの意識が高まっているのではないかと感じています。

出前授業を受けていただいた学校からは「次の年も授業を行ってほしい。」と言っていただき、二年、三年と連続して実施させていただいているところもあります。内容については、子どもたちが大学生の演説を突然聞いて、その場で理解し答えをださせるよりも、「事前に公約について予備知識をつけて授業を受けたほうがよかったかな。」という話も聞きます。また候補者についても、いいことだけを言う「ワンフレーズ型」を演じたこともありましたが、「いろんな社会問題を取り上げ、候補者の個性でなく、公約内容を比較し投票できるようにしてほしい。」という意見もありました。毎年いろんな意見をいただき、中先生や大学生とともに、試行錯誤しながらよりよい授業ができるように取り組むようにしています。まだまだ答えが見つけられない状態で進めているというのが実態です。

また右京区は大きな区ですので、一回も実施していない小学校もあります。調整等苦労もありますが、区内の学校に広めていきたいと思っています。

司会　学生と小学生と行政と三者が一つになっている、面白いなと思いました。

質問4　こういう取り組みをした学校が、その後、児童会にプラスになったのではないでしょうか？

中　小学校はわからないですが、鳴滝総合支援学校のホームページをみると、生徒会選挙も選管に協力していただき、本物の投票箱で投票もされているようです。意識づけが高く、代表を選ぶ意味を考えながら投票されているなと思いました。

山岸　鳴滝総合支援学校は、出前授業を実施する前から「投票箱を使わせてほしい」という依頼もあり、選挙に対して関心が高い学校かと思います。

司会　その他に何かありますか？

中　実は、大学生の投票率が低い、という問題もありまして、大学生にこそ「主権者教育」をせねば、という話ですよね！　昨年、突然の衆議院の解散があったので、大慌てで、「公民科・社会科教育法」の授業で、投票を促す啓発ビラをつくったり、予算をつけていただいて動画をつくって、大学の学生食堂で流したりと、大学でも学生選挙サポーター中心に啓発活動をしています。

そして、最後に、この例会を閉じるに当たって、「教員の政治的中立性」の問題について、一言述べさせてください。

これまで、教員の政治的中立性とは、授業で、あらゆる政治的な考え方を公平に取り上げなければならないし、決して偏ってはならないものと捉えられ、それゆえ、政治的な話題や学習が避けられてきた傾向がありました。もちろん、子どもに対して、教員の政治的思想や立場を押しつけることは決してあってはなりません。また、教員の子どもに対する影響力はやはり大きいので、自身の支持政党等を表明することも慎重でなければなりません。

しかし、「政治的中立性」とは、本来、何を意味することなのか？　政治的に「中立」な人間っていないでしょう？　教育現場において、中立性を守らなくてはならないのは、「国家」のほうであるわけです。当然、教室では、教員と子どもの間で、政治問題について議論することは可能なのです。そうでないと、「政党」についての学習はできないでしょう。

とにかく、一八歳の時点で支持政党がなければ、比例代表選挙で政党名を書けないではないですか。よって、今、現存する政党についても、公平に、それぞれの主張を尊重しあう教室のなかで、しっかり学ぶ必要があるのです。ときには、一方向に流れる場合があるかもしれませんが、その瞬間に「逸脱してはだめだ」ということではなく、万一、逸れた場合、意見の違う子どもや教員が、それを別の方向に戻す。つまり、教員が責任をもって、公平な学ぶ場をつくっていくことが重要です。各教室で、真剣なそういった話し合いが繰り返されることで、各々の政治的判断力が練り上げられて、「基本的人権に根ざし、人権が大切にされた、私たちの政治のあり方」を、子どもたちは考えていくのではないでしょうか。

一八歳選挙権が実現した今こそ、教員は「政治的中立性の逸脱」という批判を恐れずに、「公平な政治学習の機会を保障する」ことを、教員の使命であると心して、学校現場で「主権者教育」を積み重ねていくべきではないでしょうか。その努力のみが、私たちの「人権を守るたった一つの道」であると思うのです。ぜひ学校現場で政治の話題をしていきたいと思っています。

〈参考文献〉

中善則編著、京都市右京区選挙管理委員会・右京区学生選挙サポーター協力『子どものための主権者教育~大学生と行政でつくるアクティブ・ラーニング型選挙出前授業』（ナカニシヤ出版　二〇一七）

（花園大学人権教育研究会第１０４回例会・二〇一八年七月四日）

児童虐待の社会的コスト

和田一郎

●児童虐待の現状と課題

花園大学社会福祉学部の和田と申します。児童福祉学科の准教授ですが、前職は児童相談所職員、公務員でした。福祉事務所のケースワーカーとして、花園大学の吉永先生の著書を読んだり、吉永先生の新聞のコメントを参考にしたりしていたのですが、同じ大学で働くことになるとは思ってもおりませんでした。光栄に思っています。

はじめに児童虐待の現状と課題を、政策面から説明します。二〇一八年五月に、東京都目黒区で結愛ちゃん事件が起こりました。「お願い、許して」といって子どもが命を亡くした事件です。子どもも虐待の通告件数は年々増加しています。昔は二〇〇〇件以下くらいだったのに、今は一三万件くらい通告されています。そして、年間一〇〇人程度が亡くなっています。

しかし最新の研究による推計データでは、四〇〇人くらい亡くなっているのではないかといわれています。説明しますと、子どもの死亡についてすべて検死を行なうわけではありません、検死を行なった場合に「虐待死」とされるであろう事件をピックアップした研究では、年間、三五〇～四〇〇件くらい死んでいるのではないかということです。

本発表の問いの一つであります、「子ども虐待というのは社会問題になっているか？」ですが、二〇一〇年頃はまだ大きな問題になっていなかった、局所的な問題ともいえます。よって社会全体として、例えば司法の政策、行政の政策として、児童虐待が解決する方向に向かっているのかが見えにくいのが現状と課題です。

虐待を防止する政策が推進されてきたのか。児童虐待防止法の制定から児童福祉法の改正に関して、これまで大きな事件がないと政策が進まなかった現状があります。大阪の母子家庭で、きょうだい二人の殺人事件がありました。お母さんが子ども二人を部屋に閉じ込めたまま出かけてしまい、家に帰らなくて子どもが餓死していた。そういう大きな事件などで法律改正が進んでいった現状があります。

政策に携わる行政からみると、事件が大きくメディアに報道されて、「児相は何をやっているんだ」

と圧力がかけられる。しかしながら子ども虐待は大きな問題なので、毎年、定期的に改良していく、粛々と政策を推進できるようになる必要があると思っていました。

●限りある予算の中で

政策推進の根拠は「政策評価」という視点が重要です。行政がやっている事業を毎年あるいは数年ごとに政策評価をして、その事業を続けていいか、改善すべきかを判断します。国がやるのは「政策評価」で、都道府県、市町村がやるのを「行政評価」といっている人もいますが、各自治体のホームページに「行政評価」の結果が載っています。「行政評価」は別名「事務事業評価」とか「事業評価」ともいわれ、多くの自治体で実施されております。

行政を評価する指標の一つに、金銭化というものがあります。主に環境分野で発達してきました。予定では近々、「森林環境税」が始まります。一世帯月一〇〇〇円程度増税ということですが、目的税として「森林環境のために資する」ということで法案が通りました。

なぜ環境分野なのでしょうか。ある数学・統計学の手法を使って、美しい川、自然を金銭化する方法があります。森が、おいしい空気をつくる、おいしい水をつくるもとになる。富士山があることが日本人の心を癒すとか、目に見えないものを価値化することができる。価値化の一つの方法として金銭化があります。なぜなら、行政はすべて予算と決算を行なっているので、たとえどのような分野であっても、金銭化しないと指標が一致せず、効果が比較できない。行政的には投入した資源＝予算と、費用を通じた効果＝便益や損失を比較して予算に見合っているかを判断するのが「政策評価」であります。金銭だけでなく、満足度などを使うこともあります。

金銭化の例ですが、廃棄物のパトロール予算が一〇億円だとします。パトロールすることにより不法廃棄物が減少する。環境が改善して不法投機が少なくなり、景観がきれいになる、水の汚染がきれいになる、一〇億かけて五〇億の評価があれば五倍の価値がある。あるいは五〇億から一〇億を引いて四〇億の価値があると、四〇億円を指標にすることもある。「費用」と「便益」をお金で判断することを「政策評価」ではよくやります。

なぜこういう視点に立つ必要があるのか説明します。限りある予算という視点です。政府、行政がもつ予算は有限です。どの政策を重視するかは政治が決めるところですが、政策決定者の説明資料が必要です。「これは守らないといけない」と感情論ではなく、きちんとお金で説明する必要がある。その根拠として「政策評価」が盛んになり、まず環境から発展して土木、福祉に流れてきている。

政策評価による他分野との比較について説明します。日本でいうと、国際政策としての円借款で、首相がアジアの某首相と会談して、二兆円の経済協力を表明したという事例があります。融資の場合は二兆円貸しても利子つきで返してくれる。融資したことによりその国の社会が発展し国際貢献になるとともに、お金も戻ってくる。しかし円借款は実質その国に渡していることになる。日本は少子高齢化で、ＧＤＰも悪化して財政も赤字で国債発行しているのに、なぜ他国にお金を出すのでしょうか。その余力があるのでしょうか。

他の視点から見れば、高齢者、障害者、生活に困っている人に渡すべきではないかという意見があります。日本の財政を勘案すると、社会福祉に投入するよりも、国際関係についての政策順位が高い状況です。よって、日本よりもＧＤＰが高い中国にも続けていた状況があります。日本の財政、国際政策と比較すると、福祉になぜお金が出ないのかという疑問があります。

福祉側から見ると、非常に言いにくいのですが、「シルバーデモクラシー」という言葉があります。高齢者に比べ、子どもに関する社会保障が現在八分の一で、とても額が少ない。高齢の方が「長い間働いてきて、税金も年金も介護保険料も払ってきたから、もらう権利がある」といわれますが、ちょっと違います。

実はわが国では払った分の倍くらいの給付がある。ドイツは積立方式で自分の納めた額を老後にもらう。自分の収めた額を受け取るので、「自分の金をちゃんと渡せ」といえるんですが、日本の場合は積立方式で、残りの約半分は若い人の所得で補填している。「自分の稼いだ金で年金をもらって何が悪い」という方は、年金とかを半額で、かつ医療も三割ではなく、六割でやれという声も聞こえそうですが、実施する人は少ないでしょう。

さて、わが国はどうして財政が苦しいのでしょうか。結論を言いますと、少子高齢化、特に少子化で子どもが足りないことです。生産年齢人口が少なくなっているのに、高齢の方は、団塊の世代や第一次ベビーブームの人たちが多くなっているので、若い人たちの積立がほとんど高齢者にいっている状況があります。そういう政策を取らざるを得ないのも、人口が多い高齢者集団の選挙民としての「シルバーデモクラシー」ともいえます。いろいろな見方がありますが、研究の世界では、「配分をイーブンにすべきだ」とおっしゃる方もおられます。

二番目は「組織と票」です。政策は政治で動くので、組織をもっている方が強いのは明らかです。福祉に関しては年金を受給している人たちは選挙権があるが、子どもは選挙権がない。票にならない政策は進まない。ＮＩＭＢＹ（Not In My Back Yard、「我が家の裏には御免」）という言葉に現れたように、保育園も迷惑施設となってしまいました。各地の反対をみると「自分たちの近くにくるな」ということです。

最近ニュースで報道されましたが、東京都港区青山に児童相談所をつくろうとしたら、反対運動が起こりました。大阪でもマンション住民から反対運動が起こり、頓挫してしまいました。保育園も幼稚園も必要だが、子どもが煩い、邪魔だ、ここにおくな。「必要だが、自分のところにおくな」。他の福祉においても「理念はわかるが、自分の近くにはくるな」と拒絶する方が多いのが現状です。

障害児の政策推進についてちょっと述べます。障害児は「サイレント・マイノリティ」です。そもそも選挙権がないです。少数であることもあり、障害児の政策が遅れていました。そのようなことから、保護者が活躍してロビー活動をして、障害者政策が進んだ過去があります。しかし、被害や虐待を受けた子どもは、そもそも親が子どもを守ることをしないので、支援してくれる人がいない。親も支援しないので辛い状況になります。

子どもは自分で声を挙げることができない。選挙権がない。子どもを扱う集団、大人、児童相談所や児童養護施設の職員が非常に少ない。保育は従事者数が多く、団体も多くて、処遇改善の活動をしていますが、虐待防止政策に関しては難しい状態です。

三番目については、児童相談所職員である公務員は声を挙げづらい状況があります。吉永先生とか私のように、職員を辞めて研究者になると好きなことがいえるわけですが、公務員はなかなか声を挙げづらい。職務専念義務もあります。児童虐待のことを一番知っている児童相談所の職員が、課題を提言することが難しい。つまり、虐待が社会的に大きな問題であることを明らかにすることが難しい。

こういう方々の疑問や思い等をアドボケイトすることが必要ですが、他分野と比較できる研究者が当時は不在だったことがあります。そのようなことから、子ども虐待防止政策の予算は少ない状況です。「子ども虐待は家庭の問題だから税金を使う必要がない」という意見に反論できない。政策決定者にとって、家の中の問題だから困るのはその家の中だけだし、そもそも「対策して票になるの？」という議員もいたということです。

誰も支援者がいないので、予算獲得における予算決定時のパワーゲームに、いつも負けていた状況です。大きな事件が起こってメディアが動かないとだめだし、大きな事件が起こっても莫大に予算がつくわけではないので、法律を改正するとか、小手先の改革しかなかったわけです。

●各国で行われる虐待の社会的コスト

そのような状況は日本だけなのか説明します。実は他国でも同様の問題が起こっていることが明らかになっています。そのようなことから、各国でも「虐待が社会に影響を及ぼしている」という研究が進みつつあります。原点は、「虐待は社会にとても大きな影響を与えている。損害を与えている。だからちゃんと政策を打たないとまずい」という仮説です。他分野と比較するのは予算、お金です。「虐待の問題を可視化しよう。お金で表そう」という動きが各国で始まってきました。

ある手法を用いると、コストを計算できることがわかってきました。一九八八年は「虐待のコスト」元年といわれています。「年間、アメリカの虐待被害額が四〇〇〇億円ある」という報告です。

虐待の入院コスト、例えばバットで頭を殴られて陥没骨折する。頭をガチンと破られて入院した子どもたちの費用を推計したら二〇億円になる。虐待された子どもは知的に遅れが見られたり、障害者になることから、その特別な教育で七〇〇億円。日本と比べて、外国は施設ではなく里親のところにいくことが多いので、その費用が四六〇億。虐待を受けた子どもが育ったデータを見ると、将来犯罪にかかることで、その対応に一一八〇億円かかる。里親以外の一割が施設にいきますが、その施設費用が六四六億円（一ドル一〇〇円で計算しています）。

また、将来の過失損益については、虐待を受けたがために十分な教育が受けられない。例えば親が学費を出さないとか、「中学を出たら働け」という親がいるので学歴を獲得できない。海外は学歴で給与が圧倒的に違うので「将来の過失利益」が六五〇〜一三〇〇億円で、合計四〇〇〇億円という数字が、パイロットスタディ（予備的な研究）により発表されました。

これで世界中のこの分野の研究者が驚いたのですが、さらに時がたち、一九九六年、アメリカのコーエンによって年額五兆六〇〇〇億円という大きなコストが計算されました。日本では虐待は四つのカテゴリーに分けられています。「性的虐待」「身体的虐待」「心理的虐待」「ネグレクト」です。アメリカはもっと大きい範囲で見て「教育虐待」「精神虐待」などの分野がある。それが五兆六〇〇〇億円。年額それくらい被害があるということです。

こういう初期の研究をもとに、アメリカではＮＰＯとか民間団体が研究者とともに研究することになります。この頃から、「虐待のコスト」を「直接コスト」と「間接コスト」に分けています。「直接コスト」は児童相談所とか里親とか施設のコストで直接かかるお金です。「間接コスト」は虐待を受けたために将来、病気になって医療費がかかり、将来、働けなくなるとか、将来、犯罪者になって刑務所に入るとか、生活保護を受けたりする「間接的コスト」です。

二〇〇一年は「直接コスト」が二・四兆円、「間接コスト」が六・九兆円、合計九・四兆円あった。六年後の二〇〇七年には一〇兆円くらいになります。こういう時代にアメリカはコホート、つまり人を定期的に追っていき、インタビューなどをして、収入や病気や家庭の状況を尋ねる研究をしており、長期的に予後がわかることで、試算できる制度となっています。

ところでこのコスト研究は、二〇一〇年に大きく変わりました。民間団体であるPCAAが、二〇一二年に八〇〇億ドル、八兆円だと出したわけです。この頃、過去の研究を踏まえて、アメリカは虐待に早期介入することで虐待の被害が減ったりしてコストが減ったとか、長期的に調べるとホームレスになる方が多いということで、ホームレス対策の追加費用を入れたわけです。

民間団体が研究者といっしょにやった研究をもとに、CDC（米国疾病予防センター）が国家として試算しました。その結果が、「間接費用」「直接費用」あわせて一二兆円。この論文はネットで読めますが、この論文による結論として、一二兆円の被害をアメリカに与えている事実は、アメリカでいうと二型糖尿病と同じ被害額となるので、二型糖尿病にかける医療予算と同じ額をかけるべきだという政策評価となりました。このように国が「虐待コスト」を発表し始めたということです。

当初、一九八八年のパイロットスタディで四〇〇〇億円だった。三〇年たってシミュレーションの制度が向上して三〇倍にコストが膨れ上がった。今ではアメリカでは虐待による費用を年間一二兆円と出しています。

この一二兆円の内訳がどうなっているかをCDCのデータから見てみますと、一番大きいのは「生産性損失」の八・二兆円。他国でもコスト計算が行われていますが、どの国でも「生産性損失」が大きい。

虐待を受けた子どもは低学歴、低収入の方が多いです。本当は能力があり、この高校、大学にいけるが、親の目を気にしていかなかったり、妨害されたり、奨学金とか保証人にもなってくれなかったり、奨学金を受給できるようになっても、そのお金を親に無心されて学費を払えないことが多い、などがあります。

アメリカは学歴社会です。虐待を受けた子どもたちは進学にハンディを負い、生産性の損失が大きい。また仕事の入り口だけではなく、虐待を受けた子どもは自己肯定感が低いので仕事が継続しない。すぐ辞めてしまう。頻繁に転職を繰り返すので、非正規雇用で最低賃金、それ以下で働き結果としてホームレスになるなどのライフコースを辿る。日本もそういう傾向が出始めているのが残念なところです。アメリカでは特に多くて、それが八・二兆円になる結果です。

次に「医療ケア」について説明します。虐待を受けたことによる治療費もそうですが、それだけではなく、トラウマという精神的な被害を受け、心理的なケアを受けます。この医療ケアが二・五兆円かかります。虐待を受けた子どもは発達障害等が併存しやすく、その特別な教育も必要ということで四六〇〇億円。働けなくなることも含めて生活保護を受給する。虐待を受けたお子さんは離婚もしやすいので、ひとり親の支援サービスを含めて四一〇〇億円かかる。全部、年間の話です。

虐待を受けた子どもは犯罪に走る。最初は万引きとか窃盗ですが、大きくなって暴行、傷害、殺人、放火などの犯罪で刑務所とか裁判のコストが三九〇〇億円。合計で年間コストが一二兆円かかる。どの調査を見てもそうですが、「生産性損失」が大きい。生産性が低い状態なので結婚もしにくい、結婚しても家庭が貧しく、子どもの貧困に連鎖する。アメリカはそういうサイクルになっている。

アメリカの研究結果をみますと一二兆円、二型糖尿病と同じ額なので、もっとしっかり政策を打たなければ、ということになりました。あまりに莫大な損害額なので、これは予防政策をしようということで「一ドルのお金をかければ、将来何ドルの損失が減るか」という研究が盛んです。アメリカは「虐待防止プログラム」で「うちのプログラムに一ドルかけると、将来七ドル得する」というような研究が盛んです。合計コストで見れば四〇〇〇億円から一二兆円となった背景は、さまざまな虐待研究が推進して可視化された結果です。アメリカで子ども虐待のコストが年間一二兆円、多いでしょうか？　我々はもっと多いと思っています。最新のトピックスとして説明いたしました。

●日本における虐待のコストを算出する

今日の発表の趣旨を説明します。「日本における子ども虐待のコストを算出すること」が今回の目標です。アメリカとかオーストラリア、ドイツは二〇一一年度に調査をやっています。それと比較する上で日本版シミュレーション、日本のデータによる推計をしました。外国と同じように、「直接費用」と「間接費用」に分けました。

日本における「社会的養護」の一人あたりの年間費用はわかっています。児童養護施設だと年間一人あたり約三五〇万円。多いでしょうか、少ないでしょうか。一人の子どもを育てるのに三五〇万円。アメリカでは一ドル一〇〇円として二四〇〇万円くらいです。日本は約三五〇万円です。施設の職員は疲弊するし、給料が安いため早期退職者も多いです。

これらのデータから、社会的養護の年間費用、児童相談所とか市町村の人件費をあわせたコストがわかります。相談コストもわかります。司法と教育、虐待における裁判、特殊教育のコストもわかっています。虐待防止プログラムをやっている民間団体のコストも、毎年、決算を出しているのでわかるわけです。文部科学省科研費とか厚労省科研費で検索をすると出てくるので研究費もわかります。以上から「直接費用」を算出しました。

次に「間接費用」です。日本では虐待に特化した研究はないのですが、精神疾患の研究がなされているので、「精神疾患になった人々が過去に虐待を受けていた」というデータはたくさんあります。自殺とか心中も含めて過去に虐待歴がある／なしで死亡や疾病コストがわかる。

学力コストも、虐待を受けた子どもがいく施設の子どもと、一般の子どもの比較データがあります。今、大学へは六割くらいがいきますが、施設の子どもはその三分の一くらいしかいけていない現状があります。学歴が違うので将来的な生産性が違うことにもなります。

もう一つ、DVの研究が盛んで、DV被害のデータがあります。虐待を受けた人は離婚をしやすいということは言われていますが、日本でも同様であるという研究があります。法務省のデータで受刑者を調べると、虐待歴が多くなると犯罪が増加し、コストもかかる。

そのようなデータを活用するモデルがあり、「超過費用モデル」といいます。それを利用してシミュレーションができますので、算出を行いました。その算出に有用だった研究をご紹介しますと、子どもの全人口のうち、虐待の被害がある子どもは年間一三万件、人口比でいうと一％に満たない状態です。

しかし、疫学調査では虐待被害率が五％くらいです。被害率では一％未満であるにもかかわらず、疫学調査では虐待被害は五％くらいある。このようなことから、実際の被害は五倍以上、虐待件数は五倍以上、他国との人口比を勘案しても虐待通告件数は五〇万件くらいあっても不思議ではありません。しかし、現状では虐待の通告件数としては一三万件です。

この疫学調査は、詳細に分析できるように各虐待の種別も例示してあり、そこから推測すると、虐待発生率のうち「性的虐待」が〇・六％あると試算できます。現状では「性的虐待」は年間約二〇〇件ですが、このようなデータからは、家庭内で性的虐待を受けているが発見されていない人たちがたくさんいることが示唆されます。つまり「性的虐待」の実態は数十倍の単位で多くあることなどが考えられます。

それらの暗数については、児童相談所等のケアがなく、被害を抱えたまま成長していっていると考えられます。女性の虐待被害の影響に関する研究を見てみますと、かなりの割合の女性が自殺企図などを行っていることがわかったんですが、そういうことを「リスク比」として計算できます。それもコストに取り入れることにしました。

研究結果は次の通りになりました。「直接費用」は一〇〇〇億円、〇・一兆円でした。「社会的養護」のコスト、「行政」のコスト、「民間」のコストがあり、「社会的養護」のコストが八三七億円。「行政」コストが一六九億円等、あわせて一〇〇〇億円で〇・一兆円になりました。アメリカに比べて、ものすごく少ない結果です。アメリカでは「直接費用」だけで三兆円です。人口比を考えてもとても少ない。

「間接費用」は一・五兆円になりました。一番多かったのは「傷病」「その他」に分かれていますが、「生産性損失」が多かったことになります。自殺、心中、自殺の救急搬送、精神疾患の医療費、精神疾患による生産性損失、学力低下、離婚増加、犯罪増加、生活保護の受給増加も含めたものです。合計一・五兆円です。直接費用、間接費用を合計しますと、少なく見積もって一・六兆円になります。

しかしこの結果は、いろいろな方面から「少なすぎる」と言われました。理由としては、「生活保護」について平成二三年度のデータを用いた、生活保護は年々増加している、平成二三年度は東日本大震災があって福島県のデータが入らなかったりして過少に出てくる、などが考えられます。

次に「離婚」の影響です。藤野先生の研究は「女性のみ」しか調査しなかったわけで「女性のみ」で二〇〇〇億円、三〇〇〇億円と出たんですが、男性はデータがなく、〇円として試算したので過小な見積もりです。さらに多くの研究が進むと金額が増加すると思われ、「過少な研究結果」といわれました。

しかしながら、政策の重要ポイントがこの研究で明らかになりました。まずアメリカなどの他国は「一対三」といわれていまして、「直接費用」が三兆円、「間接費用」が三倍の九兆円だった。日本は〇・一兆円が「直接費用」で一・五兆円と一五倍違う。つまり虐待の「直接費用」、施設や里親、児童相談所にお金をかけていないことが明らかになった。

もう一つ、「間接費用」の一・五兆円は大きい。一兆円というと住民ベースでは年間一万円くらい払うという大きい税金です。こういう結果がわかりまして、金で判断することにはご意見があると思いますけども、有効なツールだと考えられました。

小まとめです。過小な見積もりの結果の理由として、アメリカ、オーストラリア、カナダ、フランス、ドイツに比べて、我が国はデータが少ないことが挙げられます。児童精神疾患の「生産性損失」とか、虐待を受けたお子さんが将来どうなっているかというデータがないわけですね。大人になってからの自殺、鬱のデータが少ない。虐待を受けた子どもが将来、どうなるのか。他国の研究では、虐待を受けると、脳や心臓などの疾患やガンになりやすく、寿命も短い。しかし日本では全然わからない。

虐待と認定されなくても児童精神科にかかっているお子さんがたくさんいます。そういうコストも不明です。医療にかかるべきなのに、かからなくて自殺をしたり、死亡したコストはわからない。虐待を受けたお子さんはいじめっこになりやすく、いじめられっこになりやすく、非行化しやすいということはわかっているんですが、鑑別所とか非行の警察のコストはどうなっているかはわからない。

児童精神疾患を抱えて、大人になった人の離婚とか逮捕歴もわからない。個人情報の問題にもなりますが、アメリカも日本以上に個人のプライバシー、情報には厳しい。しかし「公共の福祉」のためには除外され研究で活用されています。日本もそういう法律があります。「公共の福祉」という視点があります。しかしアメリカは無作為に国民をランダムにインタビューしたりします。一時間くらいインタビューすると一万円くらいもらえるなど、莫大な研究費を使ってコホート研究をしています。日本ではできないのが残念で、できないことによる政策決定順位が低くなるのがとても悲しいです。

次の視点は「国内での政策評価」です。先程も説明しましたように、虐待のコストは一・六兆円です。虐待の「間接費用」一・五兆円、「直接費用」〇・一兆円、あわせて一・六兆円です。同じくらいの被害額で調べると、東日本大震災が起こった福島県の被害額、地震、津波、原発で住民が被災して住めなくなって避難したコストが一・九兆円とわかっています。福島の人が被害を受けて、復興にはどれくらいの予算が出ているか調べてみますと、〇・五兆円です。虐待は〇・一兆円、五分の一です。被害額（コスト）は一・六兆円、一・九兆円、この程度でのコストはだいたい同じと考えますと、それぞれの、「直接費用」は五倍違うのです。虐待政策から見れば、五分の一です。もうすぐ南海トラフ地震があるという話ですが、震災は何十年に一回あるのですけど、虐待は毎年、あの東日本大震災の損害を与えているということです。福島も大切ですが、虐待対応も大切だと政策決定者にお伝えしています。

本研究結果においては、二〇一四年に「チルドレン・アンド・ユース・サービス・レビュー」で発表しまして、インターネットで論文が読めます。朝日と産経全国版に特集記事で載り、内閣官房の児童虐待防止対策に関する副大臣会議の資料になりました。また、参議院厚生労働委員会児童福祉法改正質疑の資料にもなりまして、政策推進の根拠資料になったわけです。A四の一枚でまとめてあります。

よくご質問を受けるのは、アメリカは「直接費用」三兆円、日本は三〇分の一、「間接費用」は六分の一、少なすぎるという意見です。「虐待対策にお金を使っていませんよ」ということです。一・六兆円というのは「福島のあの震災と同じくらいの額が毎年あるのですよ」と説明します。

とても忙しい方だと、説明時間が一分しかない。「こんにちは、はじめまして、花園大学の」「もったいないからいいです、事前にあなたがくることはわかっているので三〇秒で説明してください」と。こうなります。「それでは、失礼します」といって東京出張が一分で終わるとか、出張報告書を書こうにも、仕事を一分しかしていない。そういうことがあるので、とにかくわかりやすく一枚でまとめることが説明力だと実感しております。

●虐待コスト研究の社会への影響

話がそれましたが、国の政策立案の根拠資料になったことから、いろいろなインタビューをされまして、結果の一つとして児童相談所の人員が増加したということになります。これに関しては複雑な気持ちがあります。

二〇一七年八月、「新たな社会的養育ビジョン」ということで、施設などで児童虐待の対応が大幅に変わったわけです。その改正のための会議などにも参考人として出席しましたが、残念ながら人員増でしかなかったわけです。今、児童相談所の児童福祉司が約三〇〇〇人ですが、あと四年で五〇〇〇人に増やします。しかし、心理司や一時保護職員には言及されませんでした。トータルとして人員を増やしたほうがいいのですが、なかなか反映することは難しいですね。このように、いくつか研究が活用されたことから、引用もされてきました。

さてこの研究の視点が広まりつつあります。それは子どもの貧困です。「子どもの貧困」について、日本財団は二〇一六年に「一五歳のみ」のお子さんの子どもの貧困について研究を行いました。今、相対的貧困率で六人に一人とか七人に一人の貧困といっていますが、ひとり親家庭、生活保護の受給世帯、児童養護施設の、一五歳の子どものみに限定すると、一八万人いる。

「貧困の再生産」「早期婚」「離婚」などのカテゴリーがなかったので、「学歴」だけで分析された研究があります。貧困状態でなければ高校や大学に進学していたはずの学力がある場合の「現状維持と改善」では、子どもの貧困のために学費が払えなくて、高校、大学にいけないという子どもが、「もし適切な対策をもって、いきたい人がいけるようになった場合、どれくらい改善するか」というシミュレーションをしています。学歴が上がると雇用形態で正規雇用の割合が高くなるという現状のシナリオで予測したわけです。

「子どもの貧困の政策を拡充していけばどれくらい社会に有益か」。結論を申しますと一人あたり一六〇〇万円となります。つまり一八万人がいると仮定しますと、所得の減少だけで生涯約三兆円減ってしまうのです。一五歳だけのデータです。三兆円分の所得が減るので、税金が一兆一〇〇〇億円も減ってしまう。国として大きな損失なのです。学歴に関して「生産性損失」が大きいことが子どもの貧困でもわかった。

このデータは一五歳のみなので、これを拡張して〇歳から一五歳まで拡張しますと、年間四二兆円の損失が出る。GDPは約五〇〇兆円なので、子どもの貧困をちゃんとケアしていれば、四二兆円GDPが増えて、財政も一五兆円増える。年間一五兆円、所得税等が増えるわけです。消費税を〇にしてもまだプラスです。

学歴のみでこの試算なのです。将来の福祉受給減少などいろいろシミュレーションすれば、もっと大きくなるでしょう。詳しくは、『子供の貧困が日本を滅ぼす』(日本財団子どもの貧困対策チーム)という新書が文芸春秋社から出ておりますのでご参考になさってください。

こういう研究をもとに、具体的な政策として何をしているか。子どもへの影響を長期的に測ってしっかりした政策を立てようとする自治体が出てきました。エビデンスベースの政策立案です。

例を挙げますと、大阪の箕面市の「子ども成長見守りシステム」です。生活保護、就学援助、スクールソーシャルワーカーなどの福祉の利用実績、学力、生活習慣などのデータを、子ども一人ひとりについて統合して分析したものです。箕面市のすべてのお子さんについての福祉行政データと、定期的に行うアンケートのデータを統合した、極めて貴重なデータです。「子ども成長見守りシステム」は行政ストックの有効活用です。素晴らしいシステムと言えます。

こういった結果はいくつか発表されています。貧困状態の子どもの学力を追っていくと、一〇歳を境に急激に偏差値が下がっていきます。経済的に困窮していない子どもは年齢とともに偏差値が上がっていきます。生活保護世帯は一〇歳でガクンと下がるわけです。

もう一つは、年齢幅で見ますが、年齢が上がっていくごとに就学援助世帯の偏差値が低い山になっていく。経済的に困窮していない世帯は、偏差値が上がる方向に成長しています。年齢が上がるにつれて学力格差が広がってくる。キャッチアップの視点で見ると、低学歴のまま年齢が上がると、学力を高めることが難しい。偏差値四五以下の子どもが、次の年のテストで偏差値四五を超える割合は年齢とともに低下傾向にある。四五を切ってしまうと一〇歳からどんどん下がっていきます。学力格差が開いてくる。

しかしながら改善の方向性も見えてきまして、貧困世帯、生活保護世帯、就学援助世帯、児童扶養手当世帯の中で、成績がいいお子さんがどういう暮らしをしているかも調べているわけです。それは「非認知能力」が高いことがわかった。生活習慣や学習習慣、思いを伝える力が高水準になることがわかったわけです。つまり、これらの力を高めることが政策の一つとして目標にされるべき指標になったわけです。

また、トータルとして今回の分析をまとめますと、「低学年のうちに、格差が拡大する前に早期支援が必要だ」ということです。お金を渡すのも必要ですが、「基礎的信頼感や生活習慣など、学習の土台となる非認知能力の育成が必要となる」ことです。お金だけでもだめで、生活を整える支援も必要ではないかというのが今回の分析のまとめになりました。このような実データに基づく科学的な政策議論が広まっていって、より精密な政策ができると思っております。

●今後の虐待コスト研究

さて今後の虐待のコスト研究について述べます。最近、虐待は世界でも問題だということでユニセフが試算しました。高所得国の日本、アメリカなどであっても、一八歳までに一四〜三七%の子どもが、少なくとも一つの形態の暴力、虐待を経験しているという研究です。高所得国であっても女性の四二%が精神的虐待を経験している。男性の三二%が親のDVを目撃している。女性の一九%が子ども時代の精神的虐待があり、何らかの健康への影響があることがわかっています。

経済的損失、コストの話になりますが、暴力とか虐待の「経済的損失」は高・中所得層でGDPの三・四%、高所得国では一・四五%、うち〇・四%が「性的虐待」という試算結果が出ています。ユニセフの結果が出た時、日本のGDPは四九〇兆円でした。高所得国をかけあわせますと「暴力」のコストは七・一兆円。「精神的虐待」だけでも二・〇兆円あるということです。今回発表した私の研究結果、一・六兆円は、あまりにも少ない。もっとほかに試算すべきものを把握する必要があるということです。

ここで最新のトピックスです。最近、「ACE：子どもの頃の逆境体験」、これが重要視されてきました。例えば、一〇項目版では、次のとおりです。
・心理的虐待／・身体的虐待／・性的虐待／・疎外感／・ネグレクト／・離婚経験
・母親のDV体験／・家庭のアルコール依存／・家庭の精神疾患／・家庭の刑務所経験

このような経験とその後の人生についてどの国も長期的に研究をし始めています。

例えば、この項目で「〇項目」に当てはまるの人は八〇歳まで生きる。「六点以上」の方の平均寿命は六〇歳です。寿命が二〇年縮まるという結果が分かりました。また、病気のなりやすさ、福祉サービス、医療、所得など、あらゆる面で将来に影響を与えることが分かってきました。

コストの算出にはいろいろな研究データを積み上げていくというのがスタンダートです。その国の研究を集める、つまりその国の研究レベルがコストに表れます。

アメリカの虐待のコストは一二兆円と述べました。日本は四つの虐待のカテゴリーでしたが、「ACE」は、子どもの頃の「逆境的体験」であり、それを経験するのは広義の児童虐待である「マルトリートメント」という考え方を取っています。国も莫大なお金を出してACE研究を実施している。これら他国の研究を垣間見て、衝撃を受けまして、日本でもACE研究をしなければと思いました。

しかしそう思っている間にどんどん研究は進み、二〇一六年に素晴らしい研究が出ました。住民データを使ったACE研究です。その結果は、ACE得点がある方は、将来福祉サービスが三倍かかり、母子家庭になる確率が三・五倍になります。以下喫煙が四倍、肥満が一・八倍、ニートは二・六倍、薬は三・五倍、怪我をして傷害保険にかかるのが一・六倍、痰咳は三・七倍、確率が上昇するということが分かりました。

　これだけお金がかかることが分かったわけです。虐待を経験していない人に比べて、将来、サービスや税金を多く使う可能性がある。二〇一六年の公衆衛生の最優秀論文です。ＡＣＥは広義の虐待である。これだけＡＣＥは国や社会に多大な影響を与えているということで、子どもに投資をしようという流れになりつつあります。

　このようなことから、世界的な研究の流れのトピックスとして。狭義の四つの虐待だけでなく、親の離婚、犯罪、いろいろなＡＣＥを足して、とにかくとんでもないコストが社会にかかっていることが明らかになりつつあります。

　どの研究でも多いのが「生産性損失」です。虐待を受けた子ども、不適切な養育を受けた子どもに「生産性損失」が起こらないように支援しようということで、「学力への介入」をしています。こんなに学費が高い状況なのは日本くらいです（アメリカは例外として）。学費の給付を含めた支援が始まっているところです。子どもの頃の経験が大人になっても長期的に影響するので、「子育て支援家庭」に早期介入した方がいいということになっています。

　また、子育てをする親のケアをしないといけない。子どものケアも必要ですが、家族へのケアも必須になってきます。生産性損失にもつながりますが、子どもの視点から見ると、学力向上を中心としたケアが必要です。学歴は、勉強を教えただけでは向上しにくく、家庭の生活が安定しなければ難しい。そして親に頼れない子どもの学力を向上させ、進学させる。施設の子どもや虐待を受けた子どものみの奨学金をつくっているところもあります。それは、それらの方を優遇しているのではなく、データから基づいた区別です。そういう方々に特化した支援ということです。

我が国では虐待の四分類で年間一・六兆円になっています。広いカテゴリーのACEでは、もっとあるのではないかと思われますし、各国から「もっとあるだろう」と意見があるのも承知しています。先日、全然知らない研究者からメールが届いて、「お前の研究は虐待の影響による金額が少なすぎないか」と言われました。

「直接費用」も〇・一兆円では少なすぎます。今、児童相談所のケースワーカーはひとりで一〇〇件以上ケースをかかえているんです。海外では信じられないです。精々二〇〜三〇件です。二〇件を超えると「人権侵害だ」といわれています。ここには、一〇〇件をもつワーカーはちゃんとケースワークをできないので、「子どもに対する人権侵害だ」という視点と、一〇〇件もつことは労働上問題で「労働者に対する権利侵害だ」という二つの視点がある。

児童相談所の職員を一・五倍にするという話になっていますが、虐待件数がどんどん増えているので焼け石に水です。日本ではケースワーカーは三〇〇〇人いますが、アメリカは六万人。人口比でみても三万人、一〇倍は必要です。すぐには実現できない政策ですが、日本も一〇倍いた方がいい。

しかし明るい兆しもあります。コスト研究は医療分野を中心に盛んです。日本でもタバコの研究が盛んで、タバコを吸ったら長期的にこのくらいのコストになるということはわかりつつあります。このように他分野の研究を取り入れて、ぜひ福祉でも子どものためになるしっかりした研究ができればと思っています。

二番目の明るい兆しです。虐待を受けてトラウマになる子どもがおります。精神的に甚大な被害ですが、トラウマ支援をベースにしたプログラムが今、開発推進されています。エビデンスに基づいた研究によるプログラム進展です。当然、評価もされており、xドルプログラムに投入すると将来yドルになって還ってくる、などのコストも当然把握しています。これらのプログラムが長期的に虐待のコストを減らすのではないかと期待をもっているところです。

私が虐待のコストを発表した時、「子どもの命をお金ではかるとは何事だ」と、あらゆる団体からご批判を得たわけですが、今、そうはいっても「虐待防止するにはお金が必要だからやっぱりコストだよね」と理解してくれる人も多くなってくるなど、理解者が増えてきました。

本発表のまとめです。児童虐待のコストは我が国では一・六兆円。本来の海外のやり方を真似ると、もっと莫大な費用になると思っています。この分野の研究が盛んになり、しっかりしたコストが計算され、その結果子どものための政策が進展すればこれほどうれしいことはありません。どうもありがとうございました。

（花園大学人権教育研究会第１０５回例会・二〇一八年十月十七日）

ビリーブメントケアにおける仏教の役割

西岡秀爾

●はじめに

皆さん、こんばんは。今から五年半くらい前に、本研究会で「グリーフケア（grief care）」についてお話させていただきました。「グリーフケア」は、ビリーブメント（死別）に限らずさまざまな喪失によるグリーフ（悲嘆）に対してのサポートを意味しますが、今日お話させていただく「ビリーブメントケア（bereavement care）」は、大切な人を亡くした方々に対しての支援を意味します。

また、タイトルの後半に「仏教の役割」とありますが、本日は、僧侶の役割ではなく、私たちの日常生活に溶け込んだ仏教文化・仏教習俗・仏教的儀礼が、ご遺族様にとってどのような意味合いを持っているかについて、お話させていただきたいと思います。今回、有難いことに三〇名ものご遺族様にインタビュー（二〇一八年六月中旬から八月上旬まで）させていただけましたので、私の下手な分析を加えるよりも、ご遺族様の貴重な生の声をできるかぎりお届けできればと思います（本報告では、二二名の方を取り挙げる）。今回、ご協力いただけたのは、配偶者を亡くされた方々（寡夫・寡婦）であります。

研究協力者になってくださった方々は、大阪に本社がある大きな葬儀社で葬儀をあげられた方々で、私自信もその葬儀社での葬儀を頼まれることがあります。最近は家族葬が多くなったため会葬者が少ないことも多いですが、ここでの葬儀は割と規模が大きいように思います。葬儀社が遺族会を開催されていることも稀ですが、ここではさらに展開して、奥様を亡くされた男性のための料理教室であったり、囲碁の会や旅行の会まであります。そして、遺族サポート（ビリーブメントケア）の目玉として「遺族会」が設けられていますが、そこに来られている方々は、死別による悲しみ（グリーフ）の色合いが濃いように思われます。

協力者は、次の条件に該当される方々です。（一）配偶者を亡くした方（寡夫・寡婦）、（二）死別後、六ヵ月以上、八年未満の方、（三）国内で死別を経験した日本人の方、（四）研究の趣旨に賛同し、同意の得られた方、（五）死別やその悲嘆をある程度冷静に語れる方、の五つです。また、倫理的配慮として、研究協力者に、研究の主旨および任意性、匿名性、倫理面への配慮などを口頭で説明し、承諾を得ると同時に、関西学院大学の「人を対象とする行動学系研究倫理委員会」の承諾を得ました。研究協力者の平均年齢は六七・三歳、故人の平均年齢は六四・九歳でした。

●遺族の宗教意識

大阪に在住の方が大半ですが、京阪神に暮らす六五歳くらいの配偶者を亡くされた方々（寡夫・寡婦）が、まずどのような宗教意識を持っているのかを紹介したいと思います。

対象者（研究協力者）の背景

遺族	性別	本人年齢	死別経過年数	世帯構成	子の有無
A	女性	60代半ば	4年3カ月	独居	有
B	女性	60代後半	1年4カ月	独居	有
C	女性	80代前半	3年6カ月	同居	有
D	女性	50代前半	10カ月	同居	無
E	女性	70代前半	3年3カ月	独居	有
F	男性	60代前半	3年10カ月	独居	有
G	女性	50代半ば	5年6カ月	同居	有
H	男性	60代後半	5年3カ月	独居	有
I	男性	70代前半	2年11カ月	独居	無
J	女性	60代半ば	3年4カ月	独居	有
K	男性	60代半ば	1年2カ月	独居	有
L	女性	60代半ば	5年4カ月	独居	有
M	女性	60代前半	2年	同居	有
N	男性	60代後半	10カ月	独居	有
O	女性	60代前半	7年11カ月	独居	有
P	女性	60代半ば	3年7カ月	独居	有
Q	女性	60代半ば	4年11カ月	独居	無
R	女性	80代前半	4年7カ月	独居	有
S	男性	60代後半	2年6カ月	独居	有
T	男性	70代後半	5年4カ月	独居	有
U	男性	60代後半	4年11カ月	同居	有
V	女性	60代前半	7年8カ月	独居	有

①曖昧な宗教観

Aさん（女性、六〇代半ば、四年三カ月、独居、子有）

「孫たちには（主人は）星になったと言うてるんですけど…『この空に居るのかな〜』とかね、『どこに居るんかな〜』とかね…例えば仏壇のお位牌の中に居るのか、どうなのかっていうのは、ちょっと今のところわかんないですね」

Bさん（女性、六〇代後半、一年四カ月、独居、子有）

「（死後は）何か有ると思うけど、それが仏教なのか神道なのか。私カトリックの学校行っていたんですよ、キリスト教ね。それがカトリックなのかわからない。だけど何か有るのはわかります。…（死後）世界が何か有るのはわかります。…心の部分では信じているけど、それが何教かは知らん」

Cさん（女性、八〇代前半、三年六カ月、同居、子有）

「なんかやっぱりひっついてますよ、なんか繫がっている。なんか知らんけど繫がっている。…あの世もこの世も繫がっている」

Aさんは、お孫さんたちには「星になった」と伝えているみたいですが、あの世の存在は半信半疑だと言います。亡き夫は「どっかには居るんでしょうね」という思いで、毎日、仏壇にお水とお茶、たまに缶ビールを供えておられます。さらには、「お線香は亡くなった人のご飯」だと思ってあげているとおっしゃっていました。Bさんは、自ら「信仰心ない」と言いながらも、何かしら死後世界は有ると信じ、自宅では仏壇の世話をしておられます。Cさんは、仏壇の世話とは別に先祖供養のために新宗教のお勤めも日課とされています。

日本人は無宗教だと言われますが、実は特定の宗教、宗派に関心を持っていないだけで、宗教心はむしろ豊かなのではないかと思います。亡くなったら極楽浄土とか特定の世界が有るというよりも、何かしらの世界が有ると漠然と思っておられる方が、インタビューの中でも多かったと思います。まず、「曖昧な宗教観」が共通していたことが特徴として挙げられます。

②死後の有無は気持ち次第

Dさん（女性、五〇代前半、一〇カ月、同居、子無）

「私は、見守っているというか、自分がどう落とし前つけるかかなあと思って。見守られていると思ったらそうやし、もう（死んだら）終わりと思ったら終わりなんかな〜と思ったり…どんなんかな〜」

Eさん（女性、七〇代前半、三年三カ月、独居、子有）

「人間もう亡くなったら無という人もありますよね。それはその人の気持ちで、おると思えば居るでしょうし、居ないと思えばもう無しという人もいますからね。もうその自分の気持ちじゃないですかね。私は居ると思って、接していますし、はい」

先ほどのAさんだけでなく、死後世界には正直なところ懐疑的な気持ちを抱いている人が多くて、

Dさんは「魂は有るのかな～とか、そういうのはまだわからない」とか、Eさんは「（あの世は）有るのかもしれないし、無いかもしれない」と揺れつつも、有ると信じたい気持ちが上回っているという感じでした。勝手な分析をするのは良くないと思いますが、やはり、亡き配偶者の安寧を願う気持ちや、またいつか再会できる希望を持つことによって、なんとか配偶者無き現実を忍んでおられるのではないかと考えることができます。

例えば、作家の曽野綾子さんが、「あの世があるか、ないか、わからないが、分からないものはあるほうに賭ける」（『老いの才覚』ベストセラーズ、二〇一〇年、一五六頁）と述べています。一宗教者としてはあまりこんなことを言ってはいけないのかもしれませんが、私もあの世は有るか無いかわからないけど、先に亡くなった人たち、例えば、おじいちゃん、おばあちゃんに会いたいと思っています。実際にはどっちかわからないけど、「有る」方に賭けたいなと。その思いがあるからか、遺族の方から「あの世は有りますか？」と聞かれたら、「有ると、私は思っています」と応える場合が多いですが、内心、私自身も確信までは至らず揺れている部分があります。

③漠然とした肯定的死後観

Fさん（男性、六〇代前半、三年一〇カ月、独居、子有）

「（嫁さんは）天国で楽しい生活をしてるん違うかな～と思って。嫁さんの両親も亡くなってるし、だから天国でみんな楽しく生活してくれるんちゃうかな～。ただ思うのは、嫁さんは亡くなった歳のままですわ、見た感じは。私だけ歳行くから天国で会うた時に、『あんた誰や』って言われたら難儀やと思って…。その辺の心配はします（笑）。…死んだ人っていうのは、歳とらないですやん。あの〜、感じ的にも、そのままの歳のイメージがあるからね。私だけが老けていくから難儀やな〜て、私は…思いました（笑）」

Gさん（女性、五〇代半ば、五年六カ月、同居、子有）

「あんまり、そんな元々あんまり信じてなかったんですけど、まあ亡くなってからは、そういうのは有るっていうか、どっかに有るのかな〜とか。…最近の方が思いますかね。亡くなったすぐって、もう悲しいばっかりで、なんかそんなところまで…。とりあえず今会いたいなっていう気持ちはあるけど、あの世で会いたいとかそういうところまでいかなくて。年数が経ったら、あ〜、あの世も有るのかなとか。…亡くなってすぐはやっぱりこう目に見えるものとして会いたいというか…ですね、う〜ん。それが無くなったわけじゃないですけど、まあ〜、まあまあ落ち着いてきて、今の方がどっかで会えるんかなみたいな」

Fさんは、奥様が亡くなってから四国のお遍路を回り始めている方です。常に、奥様が「上から見守ってくれている感じ」を覚えながら、結願（八十八カ所を回りきること）を目指されているそうです。回りきるまでは死ぬわけにはいかないけど、奥様が亡くなってからは「死に対する恐怖はなくなった」と言われます。それは、奥様が天国で待っていてくれているからであると語ってくれました。

Gさんは、夫は生前、家にジッとしていなかった人だから、仏壇や家とかには居ないと思う反面、「離れているという感覚もない」と。そして、Gさんのお父さんが、臨終時お迎え現象的な言動があったみたいなのですが、ご主人様にも同じ現象が見られた。それゆえ、あの世の存在は半分ぐらい有るのではないかと思っているとのことでした。

このように、特定の宗教を信じているわけではないが、「漠然とした肯定的死後観」を持っている方、大切な人を亡くされてからそういう気持ちになっているご遺族様は少なくありませんでした。

●法事のプラス面

①通例ゆえの安心感

Hさん（男性、六〇代後半、五年三カ月、独居、子有）

「（納骨を）寂しいとかそんなん言っていたら、最初から動けないと思います。ある程度、ちゃんと仏さんになってもらうんやとか、まあ実際はどうか知りませんよ、でも、こういうしきたりの中でず～っとしていったら、ちゃんと道を外さずにいけるんやとか、そういう風に僕は思っている」

Iさん（男性、七〇代前半、二年十一カ月、独居、子無）

「もし家内死んでなかったら、こういうの全部バカにしていたんだろうけど、亡くなった後ってこういう形でいろいろ整えていくというのは、心を落ち着かせるいいもんだと思いますね〜」

Hさんにとって、仏事のしきたりは「けじめ」となり、自らを進ませる後ろ盾になったと述懐されています。深い悲しみの中で呆然として全く何をしていいかわからない時、決まりきったことをやることで少しだけ後押しされると考える人もいれば、逆に、自分の悲しい気持ちが蔑ろにされたまま、どんどん儀式だけが進んでいってしまい、自分の気持ちが追いつかないまま終わってしまうことで、やるせなさを感じる人もいます。つまり、両方の面があることがわかります。

Iさんは、仏教とは縁遠い生活を送っておられましたが、奥様が亡くなったことで「バカにしていた」仏壇の世話やお寺参りなどを欠かさなくなったと言われます。

例えば、文化人類学者の波平恵美子氏は、定められた細かな儀式や仏事は、悲しみの真っ只中で身動きがとれない遺族に対して、「死の衝撃から立ち直るきっかけ」(「葬儀とグリーフセラピー」『季刊仏教』二〇号、法藏館、一九九二年、五四頁)となることがあると述べています。他にも、ジャーナリストの北村敏泰氏は、定められた儀式には、遺族の「心の負担を軽減し、悲しむことに専念してもらう」(『中外日報』二〇一二年一月二十六日/『苦縁——東日本大震災 寄り添う宗教者たち——』徳間書店、二〇一三年、四三頁再録)グリーフケア的側面があると指摘しています。

②区切りとしての作用

Gさん（女性、五〇代半ば、五年六カ月、同居、子有）

「火葬する時に、あの～、火葬場でガチャって入れられる時は辛いですけど…。う～ん、まあ、親もいれて三回経験してきて、でもまあ、辛いですけど、あれちょっとなんか一つ区切りがつくっていう、なんか気持ちの中で…、私はね」

Gさんは、火葬場での最期のお別れ、拾骨、そして、納骨など非常に辛い局面も一つの「区切り」になったと言います。頭が真っ白になって覚えていない所もあるみたいですが、自分自身が焼き場で立ち会って、お骨を拾ったこととかを振り返った時、「それをやったからこそ、死を現実のものとして受容はできないにしても、ちょっとずつ受け入れざるを得ないようになってきた」と、語っていました。

最近、亡くなられた元駒澤大学総長の奈良康明先生（仏教学者）は、葬儀やその後に続く法事などは、死に出会ってなす術のない遺族にとって、「『形』を調えることによって『心』が定まってくる」（『死者と生きよう』『じゃあ、仏教の話をしよう。』浄土宗出版、二〇一二年、一八〇頁）といった癒しの機能があるとおっしゃっています。自分自身の気持ちが追いついていかない中で法事が進んでいけばおそらく辛いと思いますが、定まった儀式に則ってやっていく中で心が整理されていく面もあることがわかります。

●法事のマイナス面

①通例ゆえの消耗感

Bさん（女性、六〇代後半、一年四カ月、独居、子有）

「（法事は）生きている人の気持ちね。死んだ人はどうでもいい、失礼な言い方するけどね。……だから生きている人のものだと思うの、そういう供養っていうのは。…宗教的には四十九日、けじめをつけるためにしてくれているかもしらんけど、それに合わしているだけのことであって、（遺骨を）置きたかったら置いとけばいいし、それこそ骨食べる人も撒く人もあるから、いろいろやから、それは自由でいいと思うの。…どないなと好きなようにしはったらいい、理屈はないの。本人が満足して、元気でなくても生きていかなあかんからね、遺された者は。だからそれに振り回されるのは間違っていると思う」

Jさん（女性、六〇代半ば、三年四カ月、独居、子有）

「（納骨は）寂しいとかなんとかじゃなくて、もうそうしなくてはいけないというような…。ここに納れてあげたから、夫が安らかに眠れて良かったねとかね、そんなんじゃなくて、納骨を済ませないといけない。…これで安らかに眠れるねとか、もうそんなあれじゃなかったですよ」

「姑なんかも居るから…姑が居るから墓を作らないとか、納骨しないなんていうことは、多分言えなかったと思います。…姑はそれが当たり前だと思っているじゃないですか」

Bさんは、中陰法要や納骨などに関して、生きている人が元気になれる供養こそが大事であって、しきたりに振り回されるのはおかしいと、はっきりとおっしゃっています。また、田舎暮らしというJさんは、その地域に根づく慣習や、そこで育った姑の考えに則り、自らの考えを二の次にしたため、今となって分骨しておけば良かったとか、本当に墓を建立する必要があったのかなどを悔いておられました。

臨済宗僧侶の高橋卓志氏は、本来、法事は遺族の悲嘆の支えとなり得るが、「現行の葬儀や法事は、それらがグリーフ・ワークとしてあることにも気付かれず、その意味も失われ、グリーフ・ケアとしての役割を果たしてはいない」(『寺よ、変われ』岩波書店、二〇〇九年、四六頁)と述べています。それは、遺族感情がなおざりのまま儀式が執行される場合に、生じてしまうのではないかと思います。

②多様化による混乱

Eさん(女性、七〇代前半、三年三カ月、独居、子有)

「(弔い方が)多様になってきてますよね。…それがあるからまた余計に迷うんでしょうけど、ありすぎてね、う〜ん。だから、う〜ん、難しいとこですね」

葬式、法事、墓、祭壇、遺骨の処し方など、弔い方や偲び方が多様化・個人化すると、選択肢が増えて自由な反面、Eさんのように何を選んだら良いのか迷うケースも生じています。例えば、葬送ジャーナリストの碑文谷創氏は、「日本人の死を受け止める文化装置である葬式は、いま社会的コンセンサスを急速に失いつつある」(『死に方を忘れた日本人』大東出版社、二〇〇三年、四頁)、さらには、葬儀を「なぜ行うのかについてもコンセンサスをなくしているように思う」(同右、二九七頁)と指摘します。宗教に縁のない人とか宗教から離れていった人にとっては、それこそ葬儀だけでなく、おそらく弔い方全般に渡って、なおさら戸惑いや躊躇が生じているのではないかと思います。

●法事のグリーフケア機能

私が日頃お世話になっている髙木慶子シスター(上智大学グリーフケア研究所特任所長)は、日本に根付いている中陰法要や年忌法要などの供養は「遺族の方の癒しのためのもの」であり、「社会が遺族を応援する習慣」(『大切な人をなくすということ』PHP研究所、二〇〇九年、一〇三頁)になっていると指摘されていますが、「西岡さんたち、お坊さんたちは、もうちょっと頑張ってほしい」とエールを送ってくださいます。「西岡さんたちは、普通に亡くなったご遺族様の家に、月参りとか、年忌法要とかで、どんどん入っていける立場なんだから、もっとしっかり寄り添えるはず…。それを活かさないのはとてももったいない」と言われたことがあります。

どうにかして法要の意味などについても、わかり易く伝えないといけないと感じています。そして、年忌法要や儀式が持つ意味を啓蒙していくこと、教養などの難しい話ばかりをするのではなく、法事には悲嘆を和らげる側面があるということなどを、わかり易く伝えていく必要があると切に感じています。

ドクターの垣添忠生先生（日本対がん協会会長）は、二〇〇七年に奥様を癌で亡くされ大きな悲嘆を味わったと述べておられますが、その先生が、葬儀や法事の役割をわかり易く三つ紹介してくださっています。（一）「定期的に亡くなった方を哀悼する特別な機会」となる、（二）「時の経過をあらためて確認し、自分の状態や、環境の変化を自覚するきっかけ」となる、（三）「故人を知る人々との触れ合いも、よいなぐさめ」となると、説明しておられます（『悲しみの中にいる、あなたへの処方箋』新潮社、二〇一一年、一三五頁）。まさにその通りだと思います。

●墓のプラス面

①遂行できる充足感

Kさん（男性、六〇代半ば、一年二カ月、独居、子有）

「（墓に家内が居るとは思ってないけど）…正確に自分の気持ちを分析して説明もできませんけども…月一回は、まあお墓参りに行こうというのはやっているんですけどね。…やっぱり（墓を）

綺麗にしたり、そこに家内の骨も眠っているから、まあ行ってやろうかという気はあるんですけどね」

Bさん（女性、六〇代後半、一年四カ月、独居、子有）

「ここに居るやろうなという意識の中っていうか…半分以上義務感かな。ここに墓が有るから、行こかなっていうか。ただあんまりそんなに宗教的にないんかな、私って（笑）。…なんか執着はあんまりないね。…パパの名前（戒名）見て『ああ、こうやなって』言うて、そんな感じで。…私のけじめやからね。自分が（墓参りに）行ったという満足感のみ（笑）、ほんとよ。そういうことなんですよ、お墓とかそういうのはね、そう思う、私」

Kさんは、奥様を突然死で亡くされています。まだ亡くされてから一年二カ月でしたが、インタビューに応じてくださいました。奥様の霊魂は「天国に近いところ」に居るから、墓や仏壇、さらには、遺骨にもこだわりはないと言われますが、月一回、大阪から墓の有る遠方まで日帰りでお参りに行っておられます。

次に、墓や仏壇の前でなくても、手を合わせた場所に亡き夫はやってくると語るBさんは、「自分の気晴らし」や「けじめ」になるという理由で、月一回のお墓参りを欠かさないと言います。Kさんにしても、Bさんにしても、比較的淡々と語られるのですが、故人のために何かできる喜びを感じておられるように見受けられました。

例えば、死生学者で葬送問題に詳しい小谷みどり氏は、墓は「遺骨の収蔵場所としての機能」だけでなく、「死者と対峙し、偲ぶ装置」（「誰が死者を弔い、墓を守るのか」鈴木岩弓・森謙二編著『現代日本の葬送と墓制――イエ亡き時代の死者のゆくえ――』吉川弘文館、二〇一八年、一二七―一二九頁）としての働きも併せ持つと指摘されています。つまり、墓が有るからこそ、それを媒介として故人と向かい合う機会が生じていると考えることができます。

②家族団欒としての作用

Lさん（女性、六〇代半ば、五年四カ月、独居、子有）

「まあ普段、おうちの仏壇に手を合わせてるから、わざわざお墓まで行かなくていいかなっていう気持ちはありますけれども、一応、年に四回は行ってるんですね。…秋と春の日と、夏のお盆とお正月前と。でもそれは子供たちも一緒に行って、一同…親族一同集まるっていう…、まあ、行事。…そしたら子供たちも孫もみんな集まれるから、お墓参りに行こうねっていうのは、一つのまあイベントって言ったら変ですけれども、家族仲良くしていくための行事ですね。ほんでその後、みんなでお食事して、まあ楽しく、ね、うん。そうでないと、家族みんな集まらないから。…うん、だから『お墓参りに行くよ～』言うたら、全員集まります」

Lさんは、亡き夫は墓ではなく仏壇に居て、日常的に見守ってもらっているという安らぎを感じながら暮らしていると言われます。そして、墓参りという大義があるからこそ、普段離ればなれの家族が一同に集まると有難がっておられました。

例えば、僧侶で医師でもある佐々木恵雲氏は、家族での定期的な墓参りをはじめ、家族を含めた親類一同が顔を合わせる法事などは、欧米にはない日本らしいグリーフケアの場になると期待を寄せています。そのためには、「日本的慣習の思想的背景となっている仏教が、形式的・儀礼的に儀式を執り行うだけではなく、残された人の心に寄り添い、心理的・社会的なケアを心がける」必要がある（『臨床現場の死生学――関係性にみる生と死――』法藏館、二〇一二年、三八頁）と指摘されていますが、本当にその通りだと思います。

●墓のマイナス面

①継承にまつわる懸念

Mさん（女性、六〇代前半、二年、同居、子有）

「お墓の概念が子どもの頃から違う。…実家のお墓にも入れない…入らないし、それから嫁ぎ先の墓もあったたって、私が入ったところで、娘はもう継がないというのがわかっているから、ほんで、墓じまいをしました、実家の墓じまいをしました」

「私自身で言えば、えっと女系で来ているので、お墓が私の中にない。となったら、納骨もないみたいな感じで。女系の家族はどうすればいいのよみたいな感じですよね。…お墓っていうのは、男系で繋がっているからこそお墓であって、うん、ですよね〜。だから、私自身のお墓…納骨はどうすればいいのみたいなそんな感じです」

Mさんは、ご自身も女きょうだいで、子どもも娘たちだけであるため、先祖代々の墓を維持する必要性はないと考えられ、実家の墓じまいをし、亡き夫の遺骨もいずれ大阪の合葬墓に納める予定にしていると言います。ちなみに、先述のAさんも、亡き夫は次男で、子どもは娘だけであるため、新たな墓は造らず、同じ大阪の合葬墓に納める予定にしていると言われていました。

最近の新聞記事（『産経新聞』二〇一八年九月二三日・朝刊）で見ましたが、大阪府内最大の「大阪北摂霊園（二万四千区画保有）」では、二〇一七年度の新規の墓設置申込は約三〇件だったのに対し、墓じまい件数は二八六件にも上ったとありました。また全国的に、継承しなくていい合葬墓や管理手間いらずのビル型納骨堂は、先祖代々の墓とは異なり、その需要が高まっていると載っていました。

子孫が墓を継承していくという前提は崩れつつあると、最近よく見聞きします。私のお寺でも墓じまいは増えてきていますが、墓じまいをしてお墓から拾った遺骨を処分してしまうのではなく、合葬墓に納れたり、近場に納れたりなどして、これまでどおりお骨を大事にしていることに変わりはありません。先祖代々の墓を継いでいくという形とは、また異なる弔い方を選択されているということだと思います。つまり、墓じまいと言っても、全く弔いをしなくなるのではなく、これまでとは違う形で弔いをされていく方々が多くなってきていると感じています。

●仏壇のプラス面

今回、インタビューさせていただいた三〇名のうち、ほとんどの方（二六名）が仏壇を持っておられました。仏壇は無い、あるいは、必要ないという方（B・D・Gさん）も、手作りの祭壇を設けていて、写真を中心に、故人の眼鏡やお数珠とか、思い出の品を置かれている。そこに仏像などは祀らないが、故人の好きだったコーヒーを供えたり、作ったご飯の一部をそこに供えたりされる。仏壇を買うと後々、子どもたちに迷惑をかけることになるから買わないという方でも、ちゃんと偲ぶ場は作っておられます。亡くなったご主人様や奥様を弔う場が、家に全く無い方は一人もいなかったということが非常に印象的でした。お墓とは別に、一つ屋根の下で故き人と一緒に生活していくコーナーをきちんと設けているというのが、日本人的な文化なのかなと改めて思いました。

①故人との対話促進

Nさん（男性、六〇代後半、一〇カ月、独居、子有）

「（仏壇は）生きている私と、成仏した家内との窓口かな。…まあ、家内からのメッセージは無いですけどね。自分の独り言の吐け口になっているだけですけどね」

Aさん（女性、六〇代半ば、四年三カ月、独居、子有）

「『お父さん、やっぱり生きるのってしんどいね』とか、なんかちょっと悲しい時には、落ち込んだ時には、『なんで早く迎えに来てくれへんの』とか…。正直、私やっぱ早く迎えに…。あかんねやろね、こんなこと言うとね。でも、確かに生きるのしんどいです。…『往ったら会えるかなあ』とか、すごく会いたいので、『会えるかなあ』とか思いますね」

Lさん（女性、六〇代半ば、五年四カ月、独居、子有）

「…でまあ、子どもたちや孫が、ね〜、『今、学校行ってこんなんして…幼稚園行ってこんなんしてますよ』とかいうこと、一応報告してるんです。…後は、まあ私元気で…いやこないだも地震（二〇一八年六月十八日／大阪府北部地震）やったから、『まあ無事やって良かった』とかね、『守って下さい』とか、そういうこと言ってるんですけれども」

「子どもたちや孫が来ても、『ちょっとお仏壇拝んでおじいちゃんにさよならしなさい』とか、何か頂き物あったら『ちょっとお供えしようね』とか、うん。…そういうのができるのはやっぱりね、お仏壇あるから有難いなっと思ってます、はい」

Nさんにとって、仏壇は「成仏した家内との窓口」であり、愚痴や日常の報告をする場であると言います。Aさんも、死別後しばらくは「吐き出す場所」となっていたが、近ごろは感謝を伝える場に変化してきたと語っておられます。Lさんは、子どもたちや孫の成長を報告したり、感謝の気持ちも伝えるが、「（主人が）安らかにというより、私を守ってね」と、逆にお願いすることの方が多いと言います。なかでも、ご主人様が亡くなった後に生まれてきたお孫さんの報告が一番多いみたいです。

ちなみに、先ほどのCさんは謝罪と感謝、Eさんは謝罪から日常報告・感謝・加護を、Hさんは愚痴から日常報告・感謝を、Jさんは愚痴や日常報告、Kさんは感謝を仏壇で話されていると言います。一括りにはできないのですが、はじめは、申し訳ない気持ちや、愚痴や、怒りとかを仏壇に対してぶつけている人が多いようですが、少しずつ時間が経っていくうちに、謝罪や愚痴よりも、日常報告とか、地震があった時に「守ってね」とか、「これから子どもたち、孫たちを見ていてね」という加護に内容が変わっていく方が多かったかなと思います。仏壇に対して話される内容も、時の流れと共に変化していくということは、お話を伺っていて気づいたことでした。

例えば、仏壇は、「死者との対話」（Yamamoto, J. Cultural factors in loneliness, death, and separation. Medical Times, 98, 1970, 177-183）の場、「先祖・故人とのコミュニケーションの場」（此経啓助『都会のお葬式』日本放送出版協会、二〇〇二年、一九四頁）となり得ると言われます。すなわち、ご遺族は、自らのペースで故人と向き合い、長きに渡る内的交流を重ねる中で、少しずつ「悲嘆の苦しみは癒され、生き続けて行く力」（佐々木宏幹『仏と霊の人類学――仏教文化の深層構造――』春秋社、一九九三年、七九頁）を取り戻していくと言えるのだと思います。

②安心感喚起

Iさん（男性、七〇代前半、二年一一カ月、独居、子無）

「毎日、お線香あげて、ローソクに火を灯して、そういうことを毎日やっていると、やらないと気持ち悪くなるぐらいになっていますね、今は。だから、毎日、朝起きてからはまずそれをやって…。…これは別に義務でやっているわけでも何でもなくて、そういう風にやっている方が自分が落ち着くかな〜、そんな感じですね。…もう以前の私じゃ考えられないんですけどね」

Fさん（男性、六〇代前半、三年一〇カ月、独居、子有）

「（仕事後、外食せずに帰宅）…結局、早く家に帰ってきた方が落ち着くんですな〜、…まあ仏壇が有るから、それもあるんちゃうかな。仏壇が有って、家で食事すると落ち着くっていうことですわ。…うん、それはあると思いますわ、早く帰ってくるのは。…早く帰ってきて仏壇の前で食事するのはええかなとは思うだけで。…だから別によそんとこ行きたいともあんまり思わへんしね（笑）。」

「なんか仏壇がそこに有るだけで、落ち着くんちがいますかね〜、たぶん。私の知らんうちに（笑）。」

Oさん（女性、六〇代前半、七年一一カ月、独居、子有）

「（仏壇に）主人が入ったら、より身近になって。あの〜、ちゃんとご飯も供えて、好きなもの供えて、してあげないとっていう風には思いますね。あの〜、ますます身近に感じますね。だから、まあ、心のよりどころにもなっていいのかなあ〜て」

先に紹介したように、奥様の死を契機に仏教に傾倒していったIさんは、仏壇の世話は義務ではなく、生活習慣になってきたため「やらないと気持ち悪くなるぐらい」になられ、やることで「落ち着く」と、語られる。

Fさんは、「仏壇と墓は車の両輪みたいな存在」と感じておられ、近所に購入した墓にも週四、五回は必ず仕事帰りとかに行くそうですが、奥様だけを祀る仏壇も欠かせない存在であると言われていました。Fさんの場合は、いつも傍に有る仏壇には話しかけることは少ないけれど、行っている時しか対せない墓にはよく話しかけると言われます。

Oさんは、信仰心の篤い実母の影響もあって、日頃のご飯も先祖に供えてから自分が頂くというような生活を送っておられます。そこへ旦那様が加わったことで、より一層、仏壇は身近な存在、「心のよりどころ」となって、安心感に繋がっていると言っておられました。

例えば、民俗学者の五来重氏は、日本人は仏壇を媒介として死者（の御霊）と共に暮らし、対話を通して「慰めと安らぎ」を得ることができる（『仏教と民俗――仏教民俗学入門――』角川書店、一九七六年、一一二－一一三頁）と述べられ、最近では、医師の垣添忠生先生が、故人とは生前のように語り合ったり触れ合うことはできないけど、故人のお仏壇や写真への語りかけによって「故人と新しいつながりを実感しながら、新しい関係を築いていく」ことができ、「おだやかな喜びや安心」（『悲しみの中にいる、あなたへの処方箋』新潮社、二〇一一年、一四五頁）が得られると指摘されています。

つまり、半世紀前であっても、現在であっても、仏壇や手作り祭壇を持っている人たちは、それを通じて故人と対話したり、繋がりを感じたりすることによって、慰め・安らぎ・喜びを感じている、そういう方々は今も少なくないということがわかりました。

③守護感喚起

Lさん（女性、六〇代半ば、五年四カ月、独居、子有）

「やっぱりお仏壇有ることは、あの～『守られてるなあ』っていう気持ちが強いですね～」

「『安らかに』っていうより、『私守ってね』っていう気持ちの方が強いかもしれないと思います（笑）。勝手やけどね」

Pさん（女性、六〇代半ば、三年七カ月、独居、子有）

「（仏壇の傍に有る遺影などによって）守ってもらっているような気がします。…ほんでいつも笑いかけてくれているんですね。だから、遺影が有るのは、なんかすごく安らぐし、なんかちょっと落ち込んだりしても、なんか励まされているような気がしますね～」

「仏壇が家に有るっていうのは、やっぱ人間の気持ち、情緒をこう安定させたり、豊かにしたりするんちゃうかなと思うんですよね」

Lさんにしても、Pさんにしても、仏壇に正対することによって、「守られている」「励まされている」という気持ちになると言います。特に、二人とも遺骨のすべてを納骨しているため、仏壇の傍らに飾る写真に向かってお供え物をしたり、話しかけているとおっしゃっておられました。

最近の本ですが、死生学者の小谷みどり氏は「仏壇の前に朝夕座り、手を合わせる行為は、死者と対峙する大切な時間であるし、死者の写真に囲まれて生活することで、残された人たちは、亡くなった人が見守ってくれているという実感を得られた」が、ライフスタイルの変容に伴い仏壇や鴨居に祀る遺影などの光景は「過去のものとなりつつある」（『〈ひとり死〉時代のお葬式とお墓』岩波書店、二〇一七年、一九一頁）と指摘しています。

今回、出会わせていただいた方々は家に仏壇が有る方々が多かったのですが、それは年齢層が高いことも関係しているかもしれません。極端な例では、「自分の代で仏壇は途絶えてもいい」と仏壇じまいをすることを考慮にいれながら仏壇を買っている方もいました。今回の調査に限って言えば、仏壇は過去の産物になっていないことが確認できたと思います。

④臨在感喚起

Qさん（女性、六〇代半ば、四年一一カ月、独居、子無）

「（仏壇は）それは大切ですね、すごく。絶対に、やっぱり朝どんなことがあっても、朝と夜はきちっとお花の水も替えて、う〜ん、したいな〜て思う。そこに主人が居るような気がするんですよ、お墓とかよりも、私にとっては」

Hさん（男性、六〇代後半、五年三カ月、独居、子有）

「（嫁さんの）存在がそのままあそこ（仏壇）の中に入っているんでしょうね」

Qさんは、墓よりも仏壇の方に亡き夫が居るような気がすると言います。それは先のPさんと同じく仏壇の傍らにある写真の存在が大きいと語っておられます。目線を追ってくる感覚や、時には怒っているように見える時もあるため、亡き主人と通じている気がすると言われます。

Hさんは、自らは奥様のご遺骨全部を納れたかったみたいですが、娘さんの希望で喉仏だけ仏壇に安置されることになった。それが今、非常に助けになっていると言っておられました。最近まで娘さんと一緒に住んでおられましたが、一年くらい前から娘さんは近場で一人暮らしをされるようになった。それから、Hさんは仏間で寝るようになったと言います。六月一八日の大阪府北部地震の時も、一瞬、下敷きになって死んでしまうかなと思ったらしいのですが、奥様が見守っている中で死ねるなら本望だなと。奥様の見守り、一緒に生活しているという感覚がとても強い方でした。このように仏壇に安置する遺影、遺骨、位牌、過去帳、形見などを故人そのもののように接していることも珍しくありませんでした。

●仏壇のマイナス面

①寂寥感増幅

Jさん（女性六〇代半ば、三年四カ月、独居、子有）

「（手作り祭壇からは）返事がないでしょ。で、お墓に行って話しても返事がないでしょ。それがとってもね嫌なの、嫌というか辛いというか寂しいというかね〜。返事がないっていうのがね〜、私が一方的に喋るじゃん」

「（報告しても）声が聞こえないのがね、嫌。…何を言っても一方通行でしょ、返事がないって言うのはね」

Nさん（男性、六〇代後半、一〇カ月、独居、子有）

「実質的に寂しいのは、仏壇にいくら話しかけても何の返答もないから。むしろ、ＡＩの機器に話しかけて、ねっ、対話したりしとる。…対話人形みたいなもんです。そういうもんに話しかけたり」

Ｊさんは、嫁ぎ先の先祖代々の仏壇とは別に、亡き旦那様専用の手作り祭壇を設けておられますが、その祭壇にお供えをし、お経をあげ、話しかけるが、返事がないことによって余計に寂しさが増すということをおっしゃっていました。Ｎさんも、仏壇からの反応がない寂しさを募らせながらも、対話を止めることはないと言います。

ちなみに、前述のＨさんは、最近「たまには、『応えてよ』って言うことがありますね」と笑みを浮かべながらその寂しさを語っています。このように仏壇の存在というのは、安心感が得られる場合もあれば、それが有ることによって返答がないとか、本当に亡くなってしまったという寂しさ、つまり、相反する気持ちを生じさせる場合があることがわかります。

②責務増幅

Rさん（女性、八〇代前半、四年七カ月、独居、子有）

「私にしたら（嫁ぎ先の）仏壇よりそっちの方（主人専用の手作り簡易祭壇）が、なんかね、話しかけたりするのもそこですから、仏壇ではあまり話しかけないですからね。仏壇というのは、まあ、どういうんですか、ね〜、義務であれしているみたいで。こっちの方が、あのね〜、やっぱりなんか近親感が持てて（笑）」

Rさんは、嫁ぎ先の義父母を祀る先祖代々の仏壇の世話もするが、それは義務感からしているようなものであると吐露されています。むしろ、亡き夫の遺影や数枚の写真を飾った手作り祭壇コーナーに近親感を持っていると語っておられます。Rさん以外に、前述のJさんも、同様に手作り祭壇に親和性を持っておられました。

手作り祭壇に注目すれば、先述のGさんは、亡き夫は三男、子どもたちは娘だからという理由で仏壇は設けず、小さな棚の上に写真、遺骨、位牌、お鈴、線香立てなどを置き、祭壇コーナーを設けておられます。また、Dさんは、仏壇購入も検討中であるが、現在は自らが好きなようにレイアウトした手作り祭壇コーナーで亡き夫を祀り、弔っておられます。特に寡婦は、嫁ぎ先の面識のない遠い先祖よりも、近しい亡き夫を祀る場を大事にする傾向があるのかなと思います。

宗教学者のカール・ベッカー先生は、日本の仏教習俗、日本の仏壇や墓がどういう意味合いを持っているかをアメリカ人の視点から評価してくださっている方ですが、日本人遺族は墓・仏壇・位牌などを通じて故人と交流し、その関係を再構築しながら前向きに生きる叡智を育んできたと評価しています（『死後の世界の様相』山折哲雄 著『日本人と「死の準備」――これからをより良く生きるために――』角川SSコミュニケーションズ、二〇〇九年、一六一－一六二頁）。ちなみにこのことは、アメリカの宗教心理学者であるデニス・クラス先生が、日本人は故人と「継続する絆（continuing bonds）」を保ちながら暮らしているからこそ健康的である場合が多いのではないかと評しているのを、ベッカー先生が自著の中で紹介したことによって、その「継続する絆」理論がわが国に広まっていった経緯があります。

●遺骨信仰（遺骨へのこだわり）

Iさん（男性、七〇代前半、二年一一カ月、独居、子無）

「なんにも無いよりも有った方がいいですね、お骨なんですけどね、実際にお骨で、そこに魂が有るわけでもなんでもないのに、なぜかね～、その骨壺っていうんですか、小っちゃいやつが有ると、『あ！ここにも家内が居るのかな』というのがありますね。あの～、最初、家内がねえ、なんか骨なんか別にただの骨だから、いらないんだと。海にね…ってそういうこと言っていたんですよね。それはね～、約束守れなかったですね。…川や海に撒いちゃったらね、どこに向かってね～（手を合わすしぐさ）こうやって良いのかがね、わかんなくなっちゃうんですよね。

だから、私も散骨派だったのが、変わりましたね」

Sさん（男性、六〇代後半、二年六カ月、独居、子有）

「こっから居なくなったな～ていう感じはやっぱしますね～、仏壇に毎日手を合わしてても、それ遺骨が有ったんでなんとなく繋がっているいう感じがしましたけど～。…もう居なくなってるんで、その拝んでる行為は何やろと思いながら～（笑）」

「（遺骨が）それがまあ自分のところのお墓であっても、違う場所に移ってしまうっていうのは、仏壇からなんかポッカリ何かが抜けた気しますね～。…仏壇は仏壇で存在はちゃんと有るんですけど、そういう気持ちですね。…何か無いな～っていう気がするんですよ」

Aさん（女性、六〇代半ば、四年三カ月、独居、子有）

「（骨壺の中では）なんか息苦しいかなっと思って、お骨が。いつも蓋して、で、いつも家の中に置いているけど、なんか息苦しいかなって」

「（遺骨を）やっぱり壺から出してあげたい。なんか壺に押し込まれているのが可哀想で」

夫婦揃って散骨に賛同していたIさんは、奥様が亡くなると、やはり手を合わせる特定の場は必要であると思い直し、合葬墓に永代供養されています。Iさんと同じように、大切な人が亡くなると、海に流したら骨がどこかにいってしまうことを恐れる場合は珍しくありません。つまり、特定の決まった場所に骨を一部でも残しておきたいと思う方が多いように思います。Iさん自らも、死後は奥様が祀られるその場に入る予定にしているため、安心していると語っておられました。

Sさんは、昨年末、三回忌を機に納骨した後、それまで仏壇に有った遺骨が無くなったことで、何に手を合わしていいのかという空虚感を抱いておられます。また、仏壇前で繰り返し対話する先のAさんは、骨を擬人化されていて、仏壇の傍らに有る胴骨の入った骨壺を見る度に、「息苦しい」のではないかと案じ胸を痛めておられます。一方で、七回忌ぐらいまでは手元に置いておきたいと、葛藤しながら暮らしておられます。

「遺骨信仰」に関して、宗教学者の山折哲雄先生が、日本人は「遺骨にこだわる文化」(『「始末」ということ』角川学芸出版、二〇一一年、四一頁)であると述べておられますが、非常に説得力があります。現代日本人は、山岳信仰(魂は山に昇る)や浄土信仰(故人は西方浄土に旅立つ)などの観念を持てなくなってきたため、遺骨や墓など目に見えてわかりやすい部分だけに意識が向かわざるを得なくなり、骨にこだわる傾向にあると説明します。特に、火葬が普及してくると白骨が残る、白骨は変化しないから余計にこだわる。土葬の場合、遺体に対してケガレ意識を持っていたり、白骨化するまでかなりの時間がかかりますが、現在九九・九%を占める火葬だと、亡くなった後、すぐ白骨になって手元に還ってくる。それゆえ、手元に有る遺骨にこだわる気持ちが強くなるのかもしれません。それが良いことなのかどうかはわかりませんが、そういう状況にあるのかなと思います。

でも極端な話、日本で火葬がどんどん普及してきたところに、仏教が寄り添ってきた、伴走してきた側面があるのではないかと思います。実際、今のお坊さんがやっていることは、遺族の「故人に対するこだわり」、「遺骨に対するこだわり」にかかわっている。遺族は、「故人に対するこだわり」、

「遺骨に対するこだわり」を持っているからこそ、そこに誰かが寄り添うことが必要になってくる。宗教者は、やはりそういうところをしっかり配慮していく必要があるのかなと感じています。

●遺骨安置のプラス面とマイナス面

①プラス面（寂寥感軽減）

Oさん（女性、六〇代前半、七年一一カ月、独居、子有）

「今でもフッと思った時は、あの～、お骨（仏壇に安置する喉仏）を撫でたりする。気持ちが落ち着くし。魂はもう脱けているとは思うんですけども。なんかやっぱりそこに置いておくと気持ちがホッとするんで」

Mさん（女性、六〇代前半、二年、同居、子有）

「普段見えないのは寂しいなあと思って、遺骨がよく見えるようにテレビ（の後ろの飾り棚）のとこに持ってきた。…チラチラ見るという意味では、そこに居てて欲しいなっていう感じですね」

Oさんは、亡き夫の胴骨は姑の考えで納骨済みであるが、喉仏は仏壇に安置していて、自らの死後、一緒に納骨してほしいという希望を子どもたちに伝えておられます。Oさんは、遺骨を撫でることで落ち着くと言っておられますが、中には食べられる方もおられますよね。遺族会などでも聞いたことがありますが、実際に故人の骨を少しだけ食べておられる方もたまにいます。骨を食べたり、撫でたり、骨壺の音を聞くことで、寂しさを紛らわし、安らぎを得ている方もおられます。

Mさんは、仏壇の有る一階（同居する姑が一階で暮らす）に安置していた遺骨を、自らの生活空間である二階のテレビ棚に移動することで寂しさが和らいだと言います。他にも、娘の希望で喉仏を仏壇に安置するHさん、同じく喉仏を仏壇に祀るQさんなど、遺骨を傍らに置いておくことで寂寥感を紛らわす人は少なくないことがわかります。

②マイナス面（寂寥感増幅）

Kさん（男性、六〇代半ば、一年二カ月、独居、子有）

「遺骨は、死を非常に強く意識させるので、それはあまり好まないという感じで。（胴骨の）納骨は満中陰でしている。……死をイメージされるもの、連想させるものは、できるだけ自分の見ている範囲からは離したかった」

Tさん（男性、七〇代後半、五年四カ月、独居、子有）

「お骨があってね～、まあこう（骨壺を）開けて見るでしょ、涙が出ますね…開けたら。あれはね～、きつい。…何度も見ますけども、やっぱり、きついね～、あれは。やっぱり無い方がいい。…やっぱり納めるべきかな～。もう自分から脱皮しようと思ったらね、そういう寂しさから。…僕はそう思いました」

Kさんは、亡き妻の霊魂は「天国の近いところ」に往ったし、なおかつ「骨は、その人の体を構成していた一部で、特に意味あるものとも思っていない」という考えから、胴骨は満中陰（四十九日）の際に納骨したと言います。併せて、遺骨は妻が亡くなったという現実を強く意識させるため、早く目の届かない所に離したかったと、その胸中を語ってくださいました。

Tさんは、遺骨が手元に有ると、いつとはなしに見てしまい気持ちが沈んでしまっていたが、一周忌に納骨することによって「ここには居ないんだ」と、気持ちが切り替わり、死を認めるきっかけになったと言います。

このように、遺骨を手元に置いておくことは、前述したように寂寥感を軽減する場合もあれば、逆に増幅させる場合もあることが理解できます。

●納骨のプラス面とマイナス面

①プラス面（安堵感喚起）

Fさん（男性、六〇代前半、三年一〇カ月、独居、子有）

「…納骨したことによって落ち着き先ができたという考えはありますわね。この家からきちんとしたとこに納めてあげれたという。……まず、近くにお墓を買ったのが、結局、遺された者の気持ちとして、いつでもお参りに行けるし」

Pさん（女性、六〇代半ば、三年七カ月、独居、子有）

「（遺骨を）あんまり長いこと置いたら可哀想かなみたいな、アハハ（笑）。もう安らかにっていう感じかなと思って。…ホッとしたかな、もう一応、納骨したことで。やっぱりね、ずっと置いておくのもあれだしということで」

Uさん（男性、六〇代後半、四年一一カ月、同居、子有）

「納骨したら、あの～安心しますね、心が落ち着きますね～。やっぱり、あの～土地柄もあるんかな～、本山っていう宗教的な雰囲気もあるし。…まあ、一段落したいう感じですね」

「三回忌済んで、本山に納骨したということで…納骨済んで、まあ、あの～お浄土へ往った、成仏したと思ったんかな～」

Fさんは、一周忌に納骨されていますが、家からも仕事場からもすぐに行ける近場に墓を購入されています。その理由はできるだけ「近くに居て欲しいという気持ち」からであったと言います。

Pさんも一周忌に納骨しているが、寂しさはなかったと言います。それは、亡き夫が「土に還っていく」感覚や、「落ち着いてもらえたかな」という気持ちがあったからと説明してくださいました。

Uさんは、亡き妻の胴骨は百箇日頃に地元の墓へ納骨しています。そして、喉仏は三回忌に本山へ納めたことによって「浄土」に往ったという気持ちになったと述懐されます。ちなみに、骨を納める寂しさはなかったと言います。なぜなら、墓参りに行けば会えるからと教えてくださいました。

このように、納骨は、納めるべきところに納めたという安堵感を遺族に付与していることが理解できます。

②マイナス面（寂寥感増幅）

Oさん（女性、六〇代前半、七年一一カ月、独居、子有）

「胴骨（の納骨）は、まあ、すんなり。寂しいけれども、いやいやそれではあかんと思って、しましたね。…いや〜、最初はやっぱり、（納骨）するまでの方が嫌でしたね、気持ちが寂しい気がして。でも、それではあかん、どっかで割り切って。やっぱり胴骨は、ちゃんとしといた方がいいのかもしれないな、自分勝手でいつまでも置いておくのはあかんわ〜思って」

Vさん（女性、六〇代前半、七年八カ月、独居、子有）

「（納骨は）寂しいですけどね。ずっと自分が持っているというのも、なんか踏ん切れないいやろなと思ったんで。だからまあ少し（遺骨を）取ってペンダントにして、ここ（胸のペンダントを触る）に持つだけでも違うかなと思って」

Mさん（女性、六〇代前半、二年、同居、子有）

「（合葬墓に）納骨する時って、『あっ！　こっから先は手の届かないところに行ってしまう』という感じがあるんですね」

「（遺骨を）今は、ちょっと手放してしまって、絶対に戻ってこないってのは、今は嫌だな〜って」

Oさんは、先述したように喉仏は手元に置いておられます。ですが、胴骨を納骨した時のことを振り返り、寂しさはあったものの、姑や親戚の考えもあって逆らうことなく納めたと述懐されます。

Vさんは、亡き夫が育った地域では四十九日納骨が習わしであったが、どうしても心の整理がつかなかったため、一周忌に納骨されています。もちろん時間を延ばしても寂しかったが、遺骨の一部を手元供養アクセサリーに加工することで折り合いがついたと言います。

先に述べた、いつでも見える場に遺骨を安置するMさんは、いずれ合葬墓に納骨する予定にしているが、今は手放す気にはなれず、「気が済むまで置いておこう」と腹をくっていると言われていました。

納骨のタイミングに関して言えば、例えば、遺骨すべてを納めたBさんやCさんなどは、自らが納得した時に納骨すれば後悔することはない、と語っていたことが鍵になるのではないかと感じています。

●死別悲嘆を前に仏教ができること

ビリーブメント（死別）によってグリーフ（悲嘆）を抱えた遺族（寡夫・寡婦）にとって、仏教（仏教文化・仏教習俗・仏教的儀礼）の何が援助となり、何が負担となったのかを見てきましたが、以下の五点が明らかとなりました。

（一）法事のプラス面としては「通例ゆえの安心感」と「区切りとしての作用」、マイナス面としては「通例ゆえの消耗感」と「多様化による混乱」

（二）墓のプラス面としては「遂行できる充足感」と「家族団欒としての作用」、マイナス面としては「継承にまつわる懸念」

（三）仏壇のプラス面としては「故人との対話促進」「安心感喚起」「守護感喚起」「臨在感喚起」等の作用、マイナス面としては「寂寥感増幅」「責務増幅」等の作用

（四）遺骨安置のプラス面としては「寂寥感軽減」作用、マイナス面としては「寂寥感増幅」作用

（五）納骨のプラス面としては「安堵感喚起」作用、マイナス面としては「寂寥感増幅」作用

他にも、次のようなことが見えてきました。

一点目は、日本人は特定の宗教を信じたり、明確な宗教観を持っているわけではないが、「漠然とした肯定的死後観」を抱いている人は少なくないのではないかということ。

二点目は、遺族が仏教儀礼（葬儀・法事）を実施するのは、信仰による選択ではなく、習わしとして実施している人が多いのではないかということ。

三点目は、遺族は仏教習俗（法事、墓、仏壇、納骨にまつわる習わし）をそれとなく取り入れることによって、儀式的・視覚的・情緒的に故人との繋がりを感じながら、寂寥感を少しずつ埋めているのではないかということ。

四点目は、遺骨が手元に有る「安心感」と「寂寥感」、さらには、納骨という営みの「安堵感」と「寂寥感」といった相反する思いに揺れて疲弊する遺族は少なくないため、遺族支援（ビリーブメントケア）において、その大変さに配慮することが大切になるのではないかということ。

五点目は、仏教習俗がグリーフケア機能を発揮するのは、遺族の悲嘆感情が最優先された時に限られるため、決して「教義ありき・仏教ありき」とならないことが肝心となるのではないかということなどが、明らかになったかと思います。

ですが、これらの結果はごく限られた遺族（寡夫・寡婦）にしかインタビューしていないため、一般化するには、今後、データの分析方法の深化、量的アプローチによる検証などが必須になってくるかと思います。

最後になりましたが、仏教の根本教義は「諸行無常」であるため、本来はビリーブメント（死別）の現実を受け入れることが第一義と言えます。つまり、「故人にこだわる」ことから離れることが説かれます。しかし、これまでの日本仏教習俗のあり方を概観すれば、むしろ、遺族の「故人へのこだわり」に伴走してきているのではないかと思います。

すなわち、（一）「遺族と故人との繋がり（continuing bonds）」、（二）「グリーフワーク（死別への適応作業）」、（三）「遺骨信仰（遺骨へのこだわり）」の三点を支えてきたのではないかと思います。今後、弔い方がさらに多様化・個人化してくれば、おそらく既成の仏教習俗では間に合わなくなってくると思われます。ですが、この三点のサポートを蔑ろにしなければ、仏教習俗はバージョンアップを繰り返しながら、これまでのようにご遺族様に寄り添っていけるのではないかと思います。
お檀家さんは私たち僧侶に遠慮されたりしますので、今回、ご遺族様の生の声を聞かせていただけたことは、非常に有難いと思っています。今回、インタビューさせていただけた方々は、葬儀社で開催されている遺族会に参加したことがある方々（寡夫・寡婦）でした。そういう意味では、死別の悲しみがかなり強かった方々かもしれません。ご遺族様の中には、仏教習俗とかではなく、自然とか音楽とか本などで癒されている方々も少なくないと思われますが、本調査においては、仏教習俗が助けとなっている方々がまだたくさんおられるということを知って、私にとって本当に有難い経験になったと思っています。長時間、おつきあいいただきありがとうございました。

（質疑応答）

司会　いろんな角度から仏教と「ビリーブメントケア」について分析をしていただきました。質疑応答に移ります。ご質問のある方、いかがでしょうか。

質問　一つ特徴が現れているなと思ったのが、インタビューされた方の九分通りが独居ですよね。そこに一つの傾向が現れている。コメントされた方と重なる要素があると思いますが、一つの家観念、封建的な家観念が現実の生活の中で薄れていることと、仏教の役割の面から言えば、仏教のかかわる場面が、まだまだ封建的な家観念を基にした儀礼が多いこととのギャップが感じられます。仏壇の継承、お墓の持ち方が多様化している反面、継承しないといけないとか、男性の側の目線でしかものが考えられていないとか、娘が継いだって構わないなどなど、寺院の私たちが考えている以上に、一般の人たちが意識していることがあります。

遺骨についても、家観念と直接は関係ないかもしれないが、火葬が一般化したことにより、現実に目の前に骨が現れる。土葬だったら掘り出しようもないということもありますが、うちの方では、まだわずかに両墓制が残っていて、埋め墓と詣り墓がある。元来、詣り墓には遺骨はないわけです。埋め墓は共同埋葬地で、みんな土に還る。

家観念が薄れてきて高齢者の独居が増えてくる。家族構成が変化した中で仏教の役割にこだわるというのは、仏教自体が、社会の変化に応じきれていない部分が多いのではないかと、私も寺の住職をやっていて感じるわけです。そういう問題点を主催者である僧侶自体が、どれくらい意識しているかが大きな問題としてあるような気がしますが、そういう点についてご意見を聞かせていただければと思います。

西岡　おっしゃる通りだと思います。子どもさんはいらっしゃるのに、皆さん、独居の方が多くて、今回、三〇人の調査協力者の中で独居が二四名（八〇％）、同居している方は六名（二〇％）だけだったんです。近所に子どもさんたちがいらっしゃるんですが、一緒に生活しておられない方々が多く、親側が「子どもたちに迷惑かけたくない」という意識が非常に強いと感じました。

車で十～十五分くらいの所に住んでいたりするため、何かあった時はすぐに駆けつけられる距離におられる場合が多いのも特徴的だなと。子どもさんとの関係性は、奥様を亡くした寡夫のところには子どもたちが徐々に寄りつかなくなる傾向が見受けられるが、旦那様を亡くした寡婦のところには子どもたちが心配して駆けつけ、今まで以上にかかわりが深くなっているという感じでした。独居ではあるが、家族との絆は思っているよりも、しっかり繋がっているという印象でした。

お檀家さんたちの意識でも、女系だけの家族だとお墓が継げないと思っている人が非常に多い。実際、女系の家族であったとしても、そんなことはないんですが。日本の仏教は家単位、先祖代々引き継いでいく家観念に乗っかってきましたが、そうではなく、亡くなった人、個人個人に私たち自身が幅広く応じていかない限りは、僧侶が、遺族にとって支えになることはどんどん減っていくのではないか。そして、遺族会に行ったり、宗教色がないところに頼っていった方が良いという方々が増えてくるのではないかと思われます。

「お寺さんがこういうことから手を引いているから遺族会が盛んになる」、と島薗進先生（上智大学グリーフケア研究所所長）もよく言われることで、そうではなくて地域の中に多くの寺があるのだから、家にかかわっていくというよりも、個人個人が抱えている問題に向き合っていくことをしない限りは、どんどん縁遠くなってしまう。私たちの側から繋がりを切ってしまうことになりかねないと思っています。

司会　現代的な社会、家族構造、仕事と、生まれたところが物理的に離れるとか、仏教として、どう「グリーフケア」に向き合うかという大事な問題点かなと思います。

質問　二二人の方にインタビューを試みられて、逆に調査を拒否した、インタビューを受け入れることができないという人の属性とか内容がわかれば教えてください。また、奥様は「散骨して」と言ったが約束を守れなかった方は、そのことである種の葛藤はなかったのかどうか。わかったら教えてください。

西岡　インタビューは三〇名させてもらいましたが、葬儀社さんがやっている遺族会をコーディネートされている女性の方が、「この方はインタビューを引き受けてくださるのではないか」とピックアップしてくださいました。私の方の希望として、「未納骨の人をできるだけ紹介してください」と言いました。選んでいただいた三〇名の中で断られた方はなくて、一〜二時間くらいいろんな話をしてくださいました。ちなみに、具体的には、遺品整理と納骨、仏壇、骨の所在、あの世観（亡き人の所在）を中心にお聞かせいただきました。

散骨されなかったIさんの件ですが、実際、約束を守れなかったことに関して気にされていますが、残された人の気持ちでやっていくのが一番ということです。もちろん、奥様の希望を叶えてあげられなかったことについては多少悔いを持っておられるのかもしれません。しかし、「何としても散骨してあげなければ」という感じではなかったように思います。

質問　お一人おひとりお話をされることがグリーフケアになったのではないか、という印象を受けました。最後はいい笑顔で帰られたのではないかと。

西岡　確かにこういう話はなかなかできないし、「遺族会でもなかなか長時間、自分の話だけを聞いてもらうことはないので、今回いい機会になりました」と言っていただけました。悲しみが強く怒りもあった方が、話す中で「整理されて、来て良かったと思っています」と言ってくださることもありました。

質問　インタビューされたこと自体が「ビリーブメントケア」になったのではないかという印象がありました。最後の三つのサポートの話はその通りだと思いますが、今までも、ご遺族とのお別れを支援することがありましたが、こういうことが大切ではないか。

しかし普段の関係性がなければ、こういうことは難しいのではないか。普段からお坊さんと檀家さんが繋がっているからこそ、これが活きるのではないか。「ビリーブメントケアにおける仏教の役割」と大上段に考えていることはすばらしいことですが、僧侶の役割はどうなのか。仏教全般で大枠で大上段に聞くのではなく、仏教者と檀家さんとの距離感が大切ではないでしょうか。僧侶の役割、お一人おひとりのお坊さんに焦点を当てるともっと活きてくるのではないかという気がしました。

西岡　今回、宗教者個人よりもハード面、つまり、仏壇とか、お墓に注目しました。もちろん僧侶としてしっかりかかわっていかないといけないと思います。しかし、三つのサポートは、僧侶がかかわっていなくても機能する面があると思います。「宗教者、ソフト面をしっかりしていかないと、こういうことはできないのではないか」というのは、私自身もそう思うところですが、ハード面をしっかりと社会の中で知ってもらわない限り、仏壇やお墓などは廃れていってしまうのではないか。

ソフト面に関しては、ご遺族様は横との繋がりは日常的にある程度持てますが、その人自身が考える、大いなるものの存在、あの世のこと、霊魂などは半信半疑の中で日常生活を送っておられるので、私たち僧侶が行くとスイッチが入って話をしてくださる。インタビューでも、私がお坊さんと気づかずにしゃべっておられて、最後に「あ、お坊さんなんですか。それじゃ、この話をしていいですか?」と。そこに私たちが積極的にかかわっていくことが大事で、ご遺族様が思われる「故人の存在感」に、どれだけ宗教者が真剣にかかわっていくことができるか。

インタビュー中も、「お坊さんって、本当に霊魂を信じて法事をしているんですか? そう見えないお坊さんが多いようなんですが…。仏教者が霊魂の存在が有ると思ってやってくれないと、法事は成り立たないのではないか」と問い詰められました。私も、霊魂が有るか無いか、有る方の気持ちが強くてやっていますが、ご遺族様にとっては、「宗教者には、そういうものをしっかり有ると言ってほしい」と思っている方々が多いと感じています。宗教者は、あの世との仲介役になる人、私たちを通してその人が信じている仏さまとか、大いなるものと対話することを望んでいる方が多いのかなと感じています。

宗教者としてかかわっていく時には、ご遺族様は、本当に辛い思いをしながら日常生活を何気ない顔をして生活されているところに、どれだけ真剣にかかわっていけるか。「故人の存在」、そして、ご遺族様の「死後観」や「故人の隣在感」など、そういうことにどれだけ配慮することができるのかが問われていると、日頃、感じています。

(花園大学人権教育研究会第106回例会・二〇一八年十二月十一日)

「社会を作る人」を作る
——だれもが生まれてよかったと思える社会に

花園大学人権論集㉖

二〇一九年三月二〇日　初版第一刷発行

編者●花園大学人権教育研究センター
〒六〇四－八四五六
京都市中京区西の京壺の内町八－一
TEL・〇七五－八一一－五一八一
E-mail・jinken@hanazono.ac.jp

発行●批評社
〒一一三－〇〇三三
東京都文京区本郷一－二八－三六　鳳明ビル
TEL・〇三－三八一三－六三四四
FAX・〇三－三八一三－八九九〇
振替・〇〇一八〇－二－八四三六三
E-mail・book@hihyosya.co.jp
http://hihyosya.co.jp

印刷
製本●モリモト印刷株式会社

●執筆者紹介

白井　聡——京都精華大学人文学部教員
内藤れん——れいんぼー神戸代表
小林敏昭——前「そよ風のように街に出よう」副編集長
吉永　純——花園大学社会福祉学部教授＝公的扶助論
中　善則——花園大学文学部教授＝教育学・社会科教育学
和田一郎——花園大学社会福祉学部准教授＝子ども家庭福祉
西岡秀爾——花園大学社会福祉学部准教授＝臨床死生学

ISBN978-4-8265-0693-9 C3036 ¥1800E　Printed in Japan